安慰的藝術

為人療傷止痛的話語和行動

THE ART OF COMFORTING

What to Say and Do for People in Distress

面對陷入困境的人，你是否急著給予忠告？
你是否總是勸別人節哀，而不是傾聽他們的哀傷？
你是否覺得自己幫不上忙，於是就裝作一切如常？

安慰的藝術在於，
傷痛必須先被撫慰了，
才能平復與好轉。

芙爾・沃克 *Val Walker*——著　盧相如——譯

推薦序

「親愛的，我在這兒！」擁抱並沁入心靈一股暖流

張艾如

從事心理醫師的工作十九年了，除了身為華人區唯一專門衡鑑與治療多重人格與學術教育推廣的醫療專業，平時更致力於落實從預防、儘早發現與治療、到預防復發的「三級憂鬱自殺防治」工作，特別是脆弱心靈的照顧，因此如何帶給一般人快速學習照顧自己與關懷他人的方法，包括「安慰／撫慰」心靈的重要提醒，便成為我每一場心理健康講座要推廣給每個人的「身心靈」整體健康概念中極為重要的內涵之一。

關於「撫慰心靈」的技巧，我從治療多重人格十四年的經驗中，於國際與國內學術會議上提出了「葡萄理論」身心靈健康模式，對比於心理學大師 Freud 的「冰山理論」，更精緻說明了「多元意識組成一個我」的概念，除了涵蓋人的「理性／意識」與七情六慾「感性／潛意識」如何平衡共存，也足以解說何以導致多重人格

的存在。

事實上人在情緒中總是難以勸說的原因，便是感性面的情緒與理性面之間的關係失衡；當情緒排山倒海而來，原本生命本質中「太極圖」五五波的平衡因而改變，感性面高比例、大幅度超過理性面，就容易出現一般人所謂的，「我知道啊！但是……就是做不到！」因爲剩下百分之十到二十的理性面即使知道道理，此時也抵不過百分之八十到九十的感性面強大情緒能量的籠罩——是的，情緒慾望就是以「能量」的形式存在，所以關照情緒就必須回到「能量調節與平衡」的概念中才能看見成效。

「安慰／撫慰」心靈的功夫就必須回到這樣的基本面，第一步驟便是「陪伴與傾聽」，讓對方感受到彼此情緒能量場的共振與連結，雙方共處於「你不孤單，我在這兒陪著你」的氛圍之中，彷彿整顆心被緊緊擁入懷中，此時只要一個接納的眼神、靜靜的聆聽，以及願意的流露，就是最人性化關懷的心靈萬靈丹，這就是「同理」的眞實相。這種「惜惜」的溫暖能量，往往可以快速補足因事件受傷而流失的能量，同時讓正向愛的能量「中和」了受傷負向的情緒能量，情緒一旦回復平穩，理性與感性之間也將隨之趨於平衡，這就是我們傳統文化中所謂的「情理法」情字放在首位的原因，情緒關照妥了，道理自然得以落實，所有的法理原則也自然守得住了。

第二步驟便是如何以適切的言語或文字來表達對他人的關懷，在「心情」重於「事情」的原則下，千萬記得一定要跳脫評價或勸說，切記要減少「至少你還有……」「你就……就好了！」「你不是應該……嗎？」「你想開一點！」「你還有……責任啊！」這類的言論，要適時表達出懂對方心情的話語，不是「說教」，才能「事半功倍」，這就是溝通的藝術與技術；而現代科技產物中Line或FB「簡訊」的便捷特質，特別是「貼圖」的應用，更宛如簡版的藝術治療般，將會收到意想不到的結果。

其他更精彩的細節，本書作者都鉅細靡遺、用心鋪陳在每一個章節與內容當中，特別是關於寵物療法帶來的神奇效果，也是令人相當認同與讚賞的，實在值得讀者細細品味。

另外，別忘了在當事人傷心、難過或悲傷的情緒中，經常會有「獨處」整理與擁抱自己的需求，記得要貼心地給予這樣的時間與空間，避免旁人過急，反收「欲速則不達」的結果，迫使當事人「報喜不報憂」，或退縮而更陷入情緒泥沼中，更不利於情緒復原之路。

最後，衷心地期盼每位讀者都能帶給身邊的每個人充滿愛的撫慰，以及溫暖人心的力量！

本文作者爲臨床心理師，現任：心靈之美心理治療所院長、前台北市臨床心理師公會理事、國際創傷與解離學會亞洲國家代表暨台灣分會創會人

推薦序

用安慰揮灑出美麗人生

莊凱迪

人生到底是怎麼一回事呢？我們在嚎啕大哭中出生，在悲傷啜泣中離開。常言道「人生不如意十之八九」，生命彷彿是苦痛與意外一宗接著一宗冒出來的鄉土連續劇，不斷會有各種失敗挫折。在這悲苦人生之中，喜樂幸福在哪裡呢？我們又能夠如何幫助我們自己與他人脫離痛苦走向幸福呢？

古往今來的哲人都在訴說著，想要超脫悲苦獲得快樂，唯有透過愛與藝術這兩條路。愛與藝術是人生的救贖，即使宗教也脫離不了這兩條路。其實，愛與藝術也是一體的兩面。藝術是一種對於自然的愛，而愛則是一種對於人的藝術。人生最美的風景就是愛了，想要追求生命之美離不開情與愛。愛是一種藝術，像是音樂、美術，需要一再學習磨練。音樂的旋律之美，還是要靠一個個音符表現出來；美術的畫面之美，還是要靠一筆一畫表現出來；那麼愛要靠著什麼表現出來呢？是安慰。

人生這麼多苦難，正是要讓我們在苦難中互相安慰，讓愛從安慰之中表現出來。學習音樂的人要在一個個音符當中不斷練習；學習美術的人要從一筆一畫當中辛苦琢磨；對於愛的學習，則要能夠在一個個最適度的安慰當中表現出來。

也許你學音樂，也許你學畫畫，也許你不覺得自己學到什麼藝術，但是你不可能不學習愛的藝術。從小孩到成人到老年，從親情到戀情到友情，愛的藝術是我們逃不開也翹不掉的課程。想要學習音樂，必須從單音開始，慢慢才能夠完成一整曲旋律。想要學習愛的藝術，則必須從安慰開始，然後才能夠完成一整個美麗人生。《安慰的藝術》這本書是學習人生、學習愛的入門起始點，也是揮灑出幸福人生的開端。本書一開始用很實際的方法，介紹安慰這個觀念的理論基礎，讓我們了解同理心、支持與鼓勵等等各種心理特質是怎樣運作的。第二部則以很實際的例子，一步步教導讀者安慰的話語要如何說出來。

《安慰的藝術》第三部，則是把愛與藝術兩者融合在一起，討論怎麼樣讓兩者互相協助，表達得更美、更透澈。第四部進一步回到大自然之中，大自然是愛與藝術的源頭，跟自然結合成一體，是人生最大的安慰。本書的第五部則介紹許多音樂和電影，讓我們可以看到精彩而活潑的例子。

沒有愛的人生不值得活，但愛不是說來就來的，我們要透過一次次恰到好處的安慰去表達愛。在我們的社會之中，青少年熱切追求愛情，壯年人受困於各種人情紛擾，老年人又不曉得怎麼表達愛，而我們一直缺乏教導情感與愛的書籍，《安慰的藝術》正是彌補這個社會欠缺愛人能力的不足。當然，從事服務與助人工作的朋友，更需要一再透過《安慰的藝術》磨練對人的關愛。想要揮灑出美麗的人生？請從安慰的藝術開始。

本文作者爲臺中榮民總醫院精神科醫師、中華民國生命教練協會理事長

推薦序

安慰的藝術沒有SOP，是來自心與心同在的連結

蘇絢慧

即使我已推薦過許多談及助人歷程及陪伴人的書籍，我也寫下一本關於如何陪伴傷痛者的書：《當傷痛來臨：陪伴的修練》，但我還是要大力推薦這本好書《安慰的藝術》。這是我到目前爲止閱讀過極爲完整且實用的助人書籍，並且澄清許多人對於「安慰」的誤解，將我們爲何需要「安慰」做充分的闡明——傷痛者需要先被安慰，才有機會因爲受到滋養而好轉。

資本主義社會都有一個傾向，也就是在乎時間的花費，怕過於浪費時間而失去獲得更多利潤的機會。因此，重視效率、簡化歷程，是每個受資本主義影響的社會都會走上的方向。往往一個重要的生命經驗，被理所當然的簡化爲幾個步驟就想「處理」掉或「解決」掉。複雜的歷程及心境體會等如此具有生命獨特性的經驗，往往不被傾聽與重視，人們只想趕快、盡速叫你解決情況，以及叫你改變那些被視

爲不佳的存在狀態。

我們漸漸失去對於人心與人性的理解和涵納，更是失去對生命的耐心和細心。當我們對人心和人性失去理解、失去洞察的能力，也失去涵納力的時候，往往也會將「正常」的反應視爲「異常」或「問題」。

就像喪失一段重要關係的失落會令我們心痛，也會令我們處於哀悼歷程一段時間，可能會流淚、嘆氣，或有茫然、空洞的感覺，不知如何展開明天，我們需要足夠的時間摸索與重建生命。但在要求效率及簡化生命經驗的生態環境中，這些「正常」的悲傷反應卻往往被視爲「異常」或「問題」，而被規勸或被要求盡速改變（最好消失）。

還沒好好悲傷、好好哀悼、好好接受到安慰，就被期待盡速恢復往常作息，彷彿一切都沒發生過，這眞的是對人「好」的事嗎？

在我看來，付上的代價是我們愈來愈難給出安慰，因爲我們失去能力與他人同在及情感連結。特別是當他人正處於生命的低潮幽谷時，我們很難與對方的感受同在，更別說是與他同行爲伴。

如果，我們也愈來愈感受到這世界的冷酷，我們也體會過當我們生命受傷及破碎，需要一份安心的陪伴和話語的撫慰時，卻往往得到的是建議、規勸和不以爲然，我們就能明白，人與人之間的關係愈來愈疏離，也愈來愈難感受到彼此靠近相伴的感動和溫暖力量。

《安慰的藝術》和我所認同的助人理念是一致的，我們是助「人」，而非總是聚焦在解決「問題」。當人不被關注，只是被催逼著解決狀況、處理問題時，這「人」並非眞實的存在。急功近利是我們社會追求成功的態度，當急功近利也被濫用於對待人時，人只會更加的被漠視、被否定、被貶抑和被排除，而更加痛苦及退縮。

這本書絕對值得讀者好好閱讀及反思，我們究竟如何對待他人及如何對待自己（據我觀察，許多不懂如何安慰他人的人，其實也是不擅於安慰自己的人）。書裡提供了許多回應句，告訴我們如何換個說法，可以讓受安慰者的感受更好，互動情況會更佳。

當你百思不得其解：爲什麼能說的話都說了，能給的建議都給了，對方還是那個死樣子，還是那樣故態復萌……請你也反過來思考自己，是不是你所說的話和使用的方式及態度，其實也都是如出一轍。

如果我們發現了，其實自己眞的不會安慰，也不懂如何安慰，那麼，現在這一本書，眞的值得你好好透過它，重新學習安慰這門藝術。這同時也會減少你在人際中的疏離感和孤立感，因爲你會獲得與人眞實靠近，與情感連結的能力，不再對安慰人感到恐懼，不再因爲不知道如何回應而困擾。

本文作者爲諮商心理師／心靈療癒叢書作家

目錄

The Art of Comforting

開場白

冷酷的世界裡需要溫柔相待——身處在缺乏耐性和充滿譏諷言語的環境，褪去一身的盔甲，我們可以給予需要關愛和支持的人一個安慰。親切、耐心、溫暖與同理心這類特質在現今這個年代格外容易被忽略，於是當我們面對遭受失去或生活遭逢重大改變的人們，往往不知道該說些什麼或做些什麼才好。

既然安慰的舉動會讓人覺得不自在，許多人乾脆避免接近沮喪或悲傷難過的人。對於別人的遭遇，他們要麼視而不見，不然就是什麼也不說。有些人則會說些鼓勵的話語，或是加油打氣的陳腔濫調，諸如「事情總有好的一面」、「上帝會指引你方向」。還有些人會在別人家的門口擺上食物、鮮花或禮物致意，接下來一兩個星期卻不見蹤影。然而，不論是善意的微笑或刻意的迴避，常常都只是讓身陷痛苦的人感到更加孤立無援。有時候傷心難過的人覺得隱藏自己的感受還比較容易些，至少這麼做他們不會讓別人覺得不好過。

幸好我們周遭依然有不少善於安慰的人，儘管他們總是默默付出，沒有獲得太多掌聲。他們有許多智慧可以教導我們，重拾安慰這門失傳的藝術。

離婚之後，在愁雲慘霧的頭幾個月，我回到位於維吉尼亞州的家鄉；在此五年前，我跟隨丈夫的事業搬到明尼蘇達州和新澤西。我帶著一顆破碎的心與思鄉之情，還有那隻忠心且適應力超強的貓咪艾凡，一起展開這段返鄉之旅，我想像自己肯定會受到熱情與溫暖的款待，身邊簇擁著老友、家人與昔日同事。

令我感到訝異和失望的是，他們並不樂於伸出援手。沒有人主動邀請我參加聚會、晚餐和派對。我也很難找到誰可以陪我喝杯咖啡，或是光臨我的小公寓一起享用通心麵沙拉。每個人都忙於自己的家務事、工作、煩惱與責任，似乎很難擠出一些「專屬於我」的時間。我倒是聽了許多關於如何展開新生活的忠告、建議、鞭策和老生常談：「沒有他妳會過得更好」、「妳可以參加失婚者的支持團體」、「最佳的報復就是活得比以前更快樂」。基督教友人要我多禱告，靈修派的朋友勸我多做冥想。我還應該多做瑜珈、多讀些自我療癒的書籍、另外開個帳戶、去旅行、學長笛、停止尋求他人的認同、安撫內在的小孩。當他們提供我這些度過情緒低潮的方法時，就好像忙碌的醫生丟了一本健康手冊給病患，我有種被拋棄的感覺。

除了治療師和牧師，沒有人有時間，更不用說有耐心和興趣，願意眞正坐下來跟我談談。沒有人看見我的需求，更慘的是，他們看不見我的孤獨！而爲了讓自己討人喜歡、受人歡迎，我將自己渴求安慰的欲望隱藏起來。我只能在夜裡抱著艾凡，旁邊擺著面紙和爆米花，淚眼觀看動物星球頻道。

有一天，住在蘇格蘭的老友莫娜打電話給我，問說她可不可以盡快過來拜訪我。她從事心理治療工作多年，剛好有一個禮拜休假，而她「眞的很想要」來看看我。我們已有許久沒見，我也十分想念她。儘管我欣喜若狂，卻不敢向她透露自己內心的孤單和需求。我邀請她十月前來作客，屆時她可以睡在我的摺疊沙發床，我也會親自下廚招待。

當她抵達我收拾整潔的公寓後，我們立刻開了一瓶雪莉酒並點上蠟燭慶祝。她送我一顆漂亮的綠色瑪瑙和幾本詩集當作禮物，我則帶她去看了幾場最新上映的電影、到郊外踏踏青，還秀了我親手做的抱枕。開始一切都很美好。

頭三天，我將內心的需求隱藏得很好。莫娜有著蘇格蘭人無懈可擊的禮儀和風趣幽默，而我則採取「假裝久了就變成眞」的策略，努力當個親切的女主人。人家搭機橫渡大西洋，大老遠前來與我共度珍貴的假期，身爲東道主的我當然得好好表現。我帶她欣賞維吉尼亞州最美麗的景緻，駕車前往藍脊山遊歷，再到蒙蒂瑟羅花園漫步。她隨口問起我一個人過得如何，我告訴她我正在學習如何保持樂觀與忙碌，要她放心。她給我敞開心房的機會，我卻不敢洩漏心底的渴望。

事情在假期的第四天爆發，壓抑了將近一年的沮喪與絕望情緒，終於在我的廚房潰堤。當時我正在替莫娜準備煎蛋捲與香腸當作早餐，不小心燙到自己，滿是熱油的煎鍋掉落地面。我大發雷霆，將鍋鏟扔向牆壁，握緊拳頭用力搥打櫥櫃，把掉在地上的食物踢開，嘴裡嚷嚷著許多不雅的字眼。接著我跪地清理善後，結果卻是崩潰大哭。

「我實在有夠失敗！」我哭喊道，「連替妳煎個蛋都會搞砸！」

我抱著膝，啜泣不已，沒注意到莫娜靜靜走向我。她在我身旁坐了下來，輕輕把手搭在我的肩上。

我看了她一眼，不敢直視她的目光。「現在妳看到我有多遜了吧。」

「我看到一個痛苦的人……很多很多痛苦。」

她的話讓我哭得更慘。她說的沒錯。她大聲說出了事實，我感到鬆了一口氣。

「沒錯，妳說對了。我真的真的很受傷。我覺得孤立無援。我好害怕再也沒有人願意跟我在一起。」

莫娜換了一個舒服的坐姿，然後說：「我很願意聽，如果妳想說的話。」

我想起她是一個專業的心理諮商師，突然感到有些慚愧。「妳確定妳不是職業病發作？一天到晚聆聽別人的痛苦，現在妳應該放鬆一下才對。」

她輕輕微笑，停頓了一會兒。「我是妳的**朋友**啊，不然我幹嘛陪妳坐在地板上？」

感受到自己被認真對待，不會被檢視，我決定坦誠以對。防洪閘門開啟了，我滔滔不絕抒發內心的感受。我們坐在廚房的地板上聊了一個鐘頭，直到兩腿發麻，轉移陣地到沙發上，繼續聊到凌晨三點。我們的馬拉松式談話一直持續至隔天，我們流淚、大叫、大笑、吃著巧克力、逗著艾凡玩。我們一起咒罵那些律師、醫生、銀行、愛人，以及搞得我們身心俱疲的親友。到了傍晚，我激動的情緒終於得到足夠的淨化，才提議外出享用日本料理。

最後一天晚上，我在晚餐期間哭濕了餐巾，總算覺得自己能夠完全釋懷，也感到前所未有的平靜。

到了莫娜要回家那天，在她準備踏進登機門之前，我不斷對她說：「莫娜，我眞的不知道該怎麼感謝妳。」

她停下腳步，放下手中的行李。

我聳聳肩忍不住問道：「我要如何回報妳？」

莫娜給了我一個又大又深的擁抱，她看著我的眼睛說：「妳已經回報我了。妳給我妳的信任，尤其在妳經歷這一切傷害之後。妳給我的已經超乎我的想像，我才要謝謝妳。」

我感動得幾乎說不出話來，只能點點頭，迅速再給她一個擁抱。

望著她消失在人群中，我的內心依舊能夠感受到她帶給我的溫暖與關懷。穿過擁擠的人群與迷宮似的大廳，我搭乘電扶梯前往取車。

杜勒斯機場尖峰時刻的停車場裡，頭頂上的飛機來來去去，引擎聲隆隆作響，忽地我看到十月的天空出現令人嘆爲觀止的夕陽。站在散發著金黃色餘暉的廣袤天空下，我發覺自己已然能夠接受內心最初與最難堪的悲傷，甚至帶著愛。儘管內心的傷痛永遠不可能完全平復，但只要能夠從一個眞誠的朋友身上得著慰藉，還有眼前這片天空以及一隻老貓相伴，我相信我就會沒事的。

這便是安慰

莫娜的造訪爲我帶來內心渴求的安慰，卻也讓我不禁納悶，爲何這樣的人如此難尋。即使我們對傷痛的人懷抱著善意，但爲什麼就是難以單純地提供陪伴，而不要試著驅趕他們的痛苦，要他們趕快「好起來」？

此外，我知道我身邊充滿了各種能夠提供安慰的人，包括心理治療師、牧民諮商師、護士、精神科醫師、瑜珈導師與其他治療者，他們收取費用並非只爲了安慰像我這樣處於極度悲傷的人。儘管他們博學，受過專業的訓練，通常也帶著溫暖與關懷，但這群專業人士主要的目的是爲了治癒以及改變人們，並盡可能以最有效的方式——給我們「當頭棒喝」。這種情況在美國特別普遍，病人花費大筆金錢支付這類治療，受過訓練的專業人士則提供最快的治癒方式。他們沒有太多時間坐在我們身邊聆聽我們大哭一場，或是任由我們絕望地盯著牆壁，嘗試整理自己的思緒，思考「未來」或是「復原」之路該如何走下去等令人害怕的事實，更別說堆得像天一般高的帳單。如同其他經歷生命低潮的人，我還沒準備好接受治療，我需要先得到安慰。找不到可以給我安慰的人，讓我的悲傷加倍。

安娜帶給我的慰藉，少有專業人士或輔導者願意、甚或能夠辦得到：她讓我在她面前崩潰，她沒有批評我、診斷我、修復我、指導我、拯救我、治療我、收我費用，留或不留我。她並沒有表現出全然的愛與接受，或一副品德高尚的模樣。她甚至沒有試著逗我笑。她只不過是跟我一塊兒坐在凌亂的廚房地板上，分享我失序的生活、得不到平靜的心，讓我沉浸在自我的痛苦裡。她一點也不擔心這一團混亂，就只是坐在那裡陪伴著我。

她就在那裡。沉穩、溫柔、帶著同理心。溫暖的力量。這便是安慰。這就是莫娜送給我的禮物。

想想看，石膏與支架對斷骨的意義。它們可以把我們身體斷掉的部分固定住，直到斷裂的部位密合且再度生長。它們支撐我們，直到我們能夠起身、行走，或是再度跑跳。安慰者的擁抱也是同樣的道理，當我們感覺到破裂，擁抱可以修補破碎的心。安慰者不需要從我們身上得到任何東西，甚至也沒有想要治癒我們，讓我們復原或重新振作。莫娜只是在一旁默默地、溫柔地接受我的脆弱，讓我有機會去擁抱受傷的自我與內心的黑暗面。她看見我的好、我的壞，以及我隱藏的部分。然後，不需任何隱瞞、掩飾或欺騙，我不用說什麼，她也沒說什麼。坐在一團亂的廚房地板上，這個**什麼都沒有**的片刻，改變了我的一生。

寫一本我找不到的書

之後，在我變得更堅強了些以後，我從維吉尼亞州搬到緬因州。起初我把緬因州視爲暫時的停泊處，一個讓我能夠釐清思緒、住上幾年的地方。靠海的緬因州是個度假勝地，這地方安全、充滿田園風光且靜謐，足以讓我療癒生息，遠離城市的喧囂與煩躁。我曾在大城市裡，與我那野心勃勃的前夫不斷汲汲營營，而現在我終於能夠緩下腳步、卸下武裝，找到內在的聲音，坐在岸邊灑滿陽光的岩石上，凝望著藍鷺和獵鷹。

緬因州的生活成爲我的一部分，我待了下來。我在這裡結交了新朋友，並在約爾茅斯鎮上找到一個眞誠待人的社區，因此打算在此定居。我在岩石海岸附近一處大藍鷺的聚集地，找到一塊屬於我的平靜與安適的所在。偶爾我會在夏日的早晨，看見多達十八隻大藍鷺靜靜佇立於低矮的潮間帶，黑色的身影襯著日出。

二〇〇四年，我在一家療養院找到喪親協調員的差事。我的前一份工作是在維吉尼亞州的里奇蒙擔任復健諮商師，服務的對象包括癌症病患及其家屬，我也參與退伍軍人事務委員會的戰後治療計畫，以及其他幫助遭遇人生重大轉折的各類支持團體。而早自一九九二年起，我便在各式的社會支援機構中任職，專門處理面臨困境與喪親的個案，其中包括罹患慢性病、失業，還有諸如失去家園或是破產的人。後來我在緬因州的布里基頓爲各類機構開設支持團體的課程，相當受到歡迎。

由於擔任復健諮商師的背景，我有很多機會與各類團體分享安慰這門藝術，尤其是從團體成員自身的經驗中，學到什麼特別能夠安慰他們。讓我感到振奮的是，他們所提到眞正能夠帶來安慰的事，與當初我從莫娜身上得到的經驗類似。這表示安慰這件事的確存在共通的法則，確實有特定的話語、行動與態度，會讓人們特別感謝那些滿懷善意與耐心走入他們生活的安慰者。許許多多來自各類支持團體的學員們，都告訴我相同的感受。然而，爲何關於這類安慰的實用智慧並未被大眾所知？就連直接相關的專業人士，或是間接相關的個人，似乎也都缺乏安慰的技巧。或許我們在醫療機構、教會、心理治療診所或是相關的人文團體與社福機構，曾經見過這類善於提供安慰的人。事實上，不少專家並未擁有基本的安慰技巧，但我在各類支持團體中，經常見到沒有受過專業訓練的一般人，卻能夠帶給別人大大的安慰。

許多不起眼的支持團體參與者擁有這種安慰的智慧，偏偏受過高等教育的治療者很容易欠缺這樣的技巧，或是對此加以掩飾。這類專家經常能夠提供很棒的療法、藥物、完善的建議，但他們的舉動不見得能夠安撫人心。令人遺憾的是，即便是受到高度推崇的治療師，也可能不願意或沒辦法提供溫暖的問候與眞誠的笑容，好讓傷痛者好過一些。

身爲一個喪親諮商師與教育工作者，我找到許多完善且有效的資源、課程與書籍，讓我們能夠更加了解傷痛與失去，並加強醫療照護訓練，以及設立各種支持團體。然而，出乎我意料的是，鮮少有書籍教導我們如何安慰別人。想當然耳，市面上找得到許多教導讀者如何**自我**療癒的書籍，例如《心靈雞湯》這種強調心靈啓發的書，但我遍尋不著如何安慰**他人**的實際作品。對我來說，我們亟需一本書，明白告訴我們該說些什麼或做些什麼，好安慰沮喪難過的人們。

有一天，我坐在加斯科灣一顆長滿青苔的石頭上，一個我最愛的地點，望著展翅飛翔的藍鷺，我突然想到：我應該自己寫一本坊間找不到的書，跟全世界的讀者分享幾十年來我在許多支持團體中，從那些悲傷的人身上，以及擁有安慰技藝的前線工作者身上，所學到的一切——也就是**安慰的語言**。在經歷並見證這一切之後，我相信這本書值得我們用於日常安慰他人。更重要的是，我明白易讀、有趣且兼顧實用的重要性，特別是針對那些疲於奔命的人。

歡迎你加入我與其他安慰者的行列，我們將透過本書的字裡行間，大方公開關於安慰的智慧。

第一部　重建安慰的藝術

當你全心關注某個人時，
你就創造了一個充滿慰藉的環境，
一個安適的所在。

第一章

什麼能讓人感到安慰？

安慰國度的語言

根據牛津字典的解釋，安慰（comfort）這個詞源自拉丁文 *con fortis*，意指「伴其堅強」（be strong with）。令人感動的是，這個定義強調的是**一起堅強起來**，而非**為了誰而堅強**。陪伴某個人堅強起來，指的是爲陷入沮喪和痛苦的人提供一個避難所，讓他暫且逃離這個忙碌又冷漠的世界，一起坐下來，仔細聆聽，讓他能夠明白自己的苦痛。

多數人對於扮演安慰者的角色感到不安，我想原因在於安慰別人的舉動和強調互助的社會取向有所衝突。我們重視問題解決與目標達成，我們想要提供迅速、有效的協助。我們希望自己的努力見效，能夠在可預見的時間內「解決問題」。我們以為幫助傷心難過的人就是協助他們「克服」難關，而且愈快愈好。但所謂安慰，溝通的進展緩慢，時進時退，難以預期，且常常令人不知所措。就此而言，安慰者必須與陷入沮喪的人**一起面對**，接受他們的不確定感，這個過程需要極大的耐心與堅定。

扮演接受、開放及聆聽的角色，對我們來說並不容易，偏偏這正是傷心難過的人最需要的慰藉。我們可以想像學習安慰的話語就像是在學習另一種截然不同的語言，這個異國文化裡的各種風俗習慣和我們習以為常的社會有著極大的差異。

接下來我將比較一些眾所以為有幫助的方法，以及在安慰的國度中確實具有撫慰效果的舉動。

■關於提供協助

一般做法——

我們喜歡解決事情，讓一切能夠重返常軌。

我們喜歡提供建議、答案與補救辦法。

我們經常採取問題導向的處理方法。

當個安慰者——

不提供解決辦法，但確實陪伴同在。

仔細聆聽。

耐心等待，讓對方找到自己想說的話。

關於解決問題

一般做法——

我們喜歡事情迅速地、有效地被解決。

我們總是停不下來，想要盡快克服難關。

我們認爲所謂的療癒，指的是完全從沮喪情緒中恢復過來。

當個安慰者——

給予對方時間，慢慢來，就算幾分鐘也好。不急急忙忙。

讓對方找到他自己面對傷痛或創傷的辦法與步調。

療癒意謂學習如何與失落共處，而非完全克服它。

■關於事情的條理

一般做法——

我們想知道接下來會發生什麼事。我們喜歡安排和規畫。

我們喜歡根據指導方針行事。

我們討厭不知所措或不知道該說什麼。我們避免相對無言。

當個安慰者——

重視當下。拋開任何預期的心態。

接受安慰的過程可能無法預測、毫無規則可循。

保持開放的態度，讓傷痛者開口說話，即使他無法說清楚。

■關於處理事情的方式

一般做法——

我們希望盡可能完成許多事情，我們常常分心處理不同的任務。

我們喜歡開啓多個視窗，手機、簡訊、傳眞、電視隨時待命。

當個安慰者——

專注於眼前的事物，心無旁騖地陪伴。

在一個專屬的、安靜的以及讓人安心的地點進行溝通。

■關於負面的情緒

一般做法——

我們喜歡鼓舞情緒低落的人，要他們振作起來。

我們希望看見人們堅強，承受得住壓力。

我們從書籍、宗教與精神導師身上擷取激勵人心的話語。我們常會說些陳腔濫調，像是「你會因此變得更堅強」或「事情總會過去的」。

當個安慰者——

不試圖讓傷痛遠離。讓悲傷的人感覺自己的感覺。

尊重個人脆弱難過的權利。當人們崩潰時，提供避難所和安全的依靠。

陳腔濫調顯得事不關己，也像是在說教。

■關於是否能幫上忙

一般做法——

我們喜歡感覺自己有用處、能貢獻一己之力。

我們總是想要確保自己能夠了解對方、幫助對方。

當個安慰者——

接受自己永遠無法確定是否能幫上忙或如何幫忙的事實。

承認自己無法完全了解對方的遭遇，但願意和對方一起去了解。

當安慰者在身旁

想想看，當你和一個眞正能夠提供安慰的人在一起時，那是什麼樣的感覺？他們的出現爲什麼會讓你覺得感動又寬慰？或許只是一個令人安心的笑容或擁抱，或許是他們說的話，或是一個並非出於職責所在的慷慨舉動，甚至也許只是在我們需要方向的指引時，有個人願意停下來幫忙。要明白如何扮演好眞正的安慰者角色，最好的方式就是回想自己是如何獲得安慰的，想想看那些安慰者是如何爲我們帶來慰藉。

多年來，在我親身參與或推動的支持團體中，人們訴說自己得到慰藉時，常常都使用同樣的話語。以下是我最常聽到的反應。

我覺得鬆了一口氣

「我覺得問題好像沒那麼大不了了。」
「我覺得輕鬆許多，壓力沒那麼大了。」

在一個支持團體中，有位罹患乳癌的婦女面對著化療及家庭失和的雙重打擊，她告訴我們她如何從一位陌生人身上獲得安慰。

「她是醫院的會計，而我因爲付不出龐大的醫藥費，坐在她的辦公隔間裡歇斯底里地大哭。她耐心聽我哭完，然後遞給我一張面紙。我哭著告訴她我甚至無法仔細看完我要簽下的那張表格裡面都寫些什麼。她微笑著告訴我，這就是爲什麼她要在桌上放一盒面紙。我聽到便笑了出來。她還說她看過很多不同的案例，我處理得並沒有比較糟。這話聽上去像是在說：『歡迎加入悲傷俱樂部。』但不管你信不信，我的心情因此很快就平復下來，填妥表格。我從這個很棒的人身上得到了一種被接納的感覺，我覺得自己就跟一般人一樣，而這讓我鬆了一口氣。我覺得輕鬆許多，壓力沒那麼大了。」

我覺得被「聽見」了

「我的擔憂和感受受到重視。」
「有人在乎且願意聽我說。」

安妮是慢性病支持團體的一員，她告訴我們她的醫生確實聽進她說的話，而這件事不僅改變她的一生，也救了她一命。

「我實在沮喪到了極點。我認識的每個人都試圖說服我不要老覺得身體不舒服，儘管我的確感受到自己的體力大不如前。他們都告訴我要打起精神，振作起來，才有辦法繼續過日子。我見了醫生以後，向他細數我身體的不適。他仔細聆聽我說的話，我感覺到自己的擔憂和感受受到重視。多虧他後續幫我做了檢查，才發現我有糖尿病。」

我覺得和別人產生連結

「我不再感到孤單。」

「我覺得自己跟在場其他人是一起的。」

在焦慮與恐慌症的支持團體中，吉姆分享了自己害怕在公開場合說話的經驗，以及和同事之間的連結如何幫助他克服怯場的問題。

「我簡直嚇壞了，因爲我得在年度會議中報告。我實在很怕在公開場合說話，我以爲自己會嚇得暈倒！報告開始前，另一位報告人，也就是我同事，他轉向我，向大家介紹我。我沒有預期他會這麼做。他向聽眾介紹我的優點，以及我對公司的貢獻與團隊合作精神。那讓我走出自己的保護殼。我覺得自己跟在場其他人是一起的，眾人對我投以溫暖的笑容。跟大夥兒在一起讓我感到很安心，我明白這場報告不是什麼世界末日。最後我做了一次精采的報告！」

我覺得平靜下來

「我明白這場報告不是什麼世界末日。」

「跟大夥兒在一起讓我感到很安心。」

吉姆在上述故事中描述同事在他開始演說前的一番開場白，讓他冷靜下來，不再害怕。

我覺得被愛、被關心與被重視

「他的體貼令我感動。」

「我感覺自己變得溫和許多。」

「我覺得自己對他來說很特別。」

一位女士在姊姊過世之後，參與了失親者的支持團體，她向我們描述她外甥有多麼體貼的感動故事。

「我的外甥鮑伯做了件非常感動我的事。當時正逢凱倫過世一個月，鮑伯從幾個我愛聽的音樂劇裡挑出我最喜愛的曲目，燒成CD送給我。我被他的體貼深深感動。我感覺自己變得溫和許多。我覺得自己對他來說很特別。從他替我挑選的曲目可以看得出來，他知道我需要什麼。」

我覺得被尊重、受肯定

「我覺得自己值得他們花時間。」
「他們對待我的方式讓我覺得受到尊重。」

對別人的時間和努力表示敬意，會帶來驚人的效果。丹加入待業者的支持團體，他提到面試他的某位雇主如何影響他對自己的看法。

「過去一個月我歷經了十二次面試，仍然一職難求。說實在的，我對面試的這些工作沒有一個滿意，因爲沒有哪個雇主肯多給我一些時間，更別說是進行一場像樣的面談。他們不斷催促我，而且顯得心不在焉，跟我說話的樣子像是對著答錄機錄音。這一點都不尊重人嘛，我也失去了自信。最後，我有機會跟幾位專業的面試官面試，儘管我有點緊張，他們卻給我充裕的時間回答他們提出的問題。他們很有禮貌、很有耐心，問的問題都很有深度，彷彿認定面試者有足夠的能力回答。這讓我覺得自己值得他們花時間，也鼓勵我對自己的專長展現自信。不論我是否會得到這份工作，他們對待我的方式讓我覺得受到尊重。假如我眞的獲得這份工作，我相信我在那裡也會受到肯定。」

我有種撥雲見日的感覺

「我知道接下來應該怎麼做。」

「我不再那麼困惑了。」

在一個照顧者的支持團體中，有位女士坦承自己剛得知母親的診斷結果時，內心非常失落。但與一位受過訓練的義工談了將近二十分鐘的電話後，該怎麼做變得愈來愈清楚。

「剛得知母親罹患阿茲海默症時，我實在不知所措。於是我打電話到阿茲海默症協會，接聽電話的工作人員仔細聽完我的問題。她安慰我說，對於沒有及早發現母親的病症不需要有罪惡感。我把自己內心的複雜情緒都說出來，結果我自己也不再那麼困惑了。在接下來的談話中，對方都能夠確實回應我的擔憂，讓我知道她眞的明白。她並沒有告訴我應該怎麼做。但她確實幫助我釐清自己的感受，而且還告訴我要先照顧好自己。我知道接下來應該怎麼做，於是我參加了支持團體。」

我覺得重拾信心

「我感覺被打了一劑強心針。」
「這將我從驚恐中拉起來。」
「我覺得自己準備好採取行動了。」

朗恩的妻子失業了，就在同一個月，他的女兒因爲一場車禍進了急診室，龐大的醫藥費與債務讓整個家快要撐不下去。他覺得自己無法好好照顧家庭，爲此感到驚慌失措，連工作也岌岌可危。

「失去住的房子讓我感覺自己是個眞正的輸家。我活在噩夢中，難以把心思放在工作上。有一天，一位同事來找我，善意地表示說他很遺憾我家裡發生的事。他邀請我到辦公室附近一家餐館吃午餐，他告訴我他弟弟也因爲失去了完整的家庭而心情低落。他心想或許我可以跟他弟弟談一談，彼此打氣，甚至幫忙彼此度過難關。我感覺被打了一劑強心針，這將我從驚恐中拉起來。我原本滿懷愧疚感，但是他讓我知道還有其他人跟我遭遇相同的問題，我不必苛責自己。後來我跟他弟弟約翰見了面，我們幫忙彼此尋找租屋處。我知道自己一定能夠度過這次的難關。我們透過推特了解彼此的近況，如果約翰能夠撐得下去，我相信我也辦得到。」

我覺得充滿希望、安全感、勇氣

「我知道自己一定能夠度過這次的難關。」

「如果約翰能夠撐得下去，我相信我也辦得到。」

上述的故事中，朗恩與約翰一起努力，這份安全感重新燃起他們的希望。

†

想要被聽見、想要與別人產生連結、想要被關心、想要懷抱希望，這種種反應都顯示了，好的安慰者必須是一個好的聽眾，能夠陪伴同在，讓我們覺得自己在那個當下比任何事都來得重要。安慰者的行動通常源自對他人的同理心。他們能夠感受到傷痛者的情緒。他們願意展現對人的關懷，以及溫暖的特質。

我們都以自己的方式在安慰別人

儘管我們都知道有個安慰者陪伴在身邊是什麼樣的感受，但我們常常會懷疑或低估了自己這種與生俱來的安慰能力。我們的文化對於安慰者有套刻板印象，所以我們往往會拿自己和那種形象相比。不幸的是，許多人都以爲只有特定的人才能夠眞正的安慰別人。我們相信有些人就是比較在行，比較懂得怎麼安慰別人。我們認爲要安慰別人必須具備無比的熱情、領袖魅力、慷慨大方，再不就是擁有多年諮商訓練、社工背景或從事宗教相關工作。我們也認爲我們只能夠安慰與自己有相同經歷的人，我們不敢去幫助那些我們對他們的狀況或遭遇不熟悉的人。或者，我們會告訴自己說，我們沒有足夠的時間去安慰別人，這種事應該留給祖父母輩或其他有空閒的人去做。

這種種關於安慰的迷思已經深烙在我們對於安慰者的印象裡，掩蓋了我們的本能與常識。我們甚且已經相信說，我們要麼就得成爲專家，要不就是特別有天賦，才能夠去安慰別人。這種理想化與自我限制會削弱了我們的同理心與信心，當我們身邊就坐著傷心難過的人時，我們甚至不敢伸出援手。

以下提出關於安慰的許多迷思，它們阻礙了我們的安慰本能。

迷思一：安慰者總是溫暖、多愁善感、喜歡給人大大的擁抱。

其實安慰者也可以是害羞、保守、含蓄的，以自己擅長的方式幫助別人。雪中送炭跟擁抱一樣都能夠達到安撫人心的作用。

迷思二：安慰者是我們能夠敞開心房交談的對象。

安慰的方式有千百種：幫忙採買日常用品、寄一張問候的卡片、一塊兒去打高爾夫球、一起去看場電影、織條圍巾、幫忙遛狗。安慰不見得都是用說的。

迷思三：安慰者向來知道該說些什麼。

我們不必知道該說什麼才對。有時候真的沒什麼可說的。但是安慰者即使不知道該說些什麼，仍然願意出現與陪伴。有許多方式能夠產生連結與溝通，就看對方想要什麼——聽聽他們最愛的歌曲、替他們的貓咪準備貓薄荷、烤個派、替他們倒垃圾、玩紙牌遊戲、替他們做指甲、一起觀看選秀節目。只要願意提供時間和陪伴，都會有所幫助。就算是發一封小簡訊也會讓人感動：「我想到了你，希望你今天過的順利。」

迷思四：安慰者總是在對方需要的時候陪伴著他們。

我們必須誠實說明自己什麼時候可以提供幫助，一定要先溝通清楚。最好讓對方知道我們實際上能爲他們做些什麼。我們可以提供一些簡單明瞭的選項，例如：我星期一傍晚可以打給你聊聊。需要安慰的人若沒有得到確切的回應，常常會更難過與無所適從。

迷思五：安慰者有很多時間提供足夠的安慰給別人。

只需要幾分鐘、甚至幾秒鐘的時間，就可以爲別人帶來安慰。小小的舉動便足以讓陷入沮喪的人感到慰藉。

迷思六：安慰者理應鼓舞陷入低潮的人要樂觀面對。

不必凡事都以「往好的方面去想」這種陳腔濫調來安慰別人。看見別人的痛苦是很重要的事，不要只顧著把對方「拉出泥淖」。

迷思七：安慰者必須與被安慰者有共同的經歷才能提供有效的協助。

即使我們不了解對方的故事或背景，一樣能夠感受到他的苦痛。人世間的悲歡離合也是將我們連結在一起的力量。沒有人能夠評斷別人的遭遇。

以上這些關於安慰者的迷思，大多受到我們講究效率與成敗的文化所影響，以致於削弱了我們與生俱來的安慰能力，特別是同情心和聆聽。爲了趕時間，我們學會使用不帶人性和商品化的語言。在這個弱肉強食的環境中，不少人常常得壓抑內在善良與柔軟的一面，或者避免展現同情他人的眞實本性。

九〇年代中期迅速發展的網路科技確實增加了溝通的管道，但也阻礙我們停下來安慰別人的意願。這是個需要溫柔相待的冷酷世界，我們需要更多的耐心，讓脆弱的人表達他們的感受，讓他們有足夠的時間說出內心的話。悲傷過度與遭受重大打擊的人往往難以專注心力，他們在複雜與矛盾的情緒漩渦中掙扎，他們經常重蹈覆轍，他們無法清楚表達內心的想法，或者因爲過度恐懼和沮喪而不願意說。儘管網路世界裡有許多連結的管道，他們依舊需要一個可以面對面、誠心相待的人。諷刺的是，雖然藉由電話、email、傳眞或臉書可以迅速達到溝通的目的，然而全心陪伴在那些需要我們的人身邊卻也因此愈來愈困難。

事實上，最好的安慰方式常常顯得微不足道，我們很容易將它們視爲理所當然。我們常常忽略了這些眞正能夠撫慰受傷心靈的堅實又可靠的人性特質。

以下是我從近幾年來超過五百位參與者的回應中，集結了一分清單，列出安慰者最重要的特點，這些參與者來自安慰藝術的訓練課程、諮商機構，以及各類的支持團體。我相信你一定可以從以下二十個特質中，找到幾個是你所具備的。我邀請你以這幾個特質爲基礎，打造屬於你自己的安慰技巧。

安慰者的二十項特點

陪伴與聆聽：全心全意，專注當下

在所有安慰的特質中，最基本的莫過於眞心陪伴與當個好的聆聽者。這是所有安慰技巧的基礎。

倘若缺少了陪伴的能力，那麼最好的技巧也無法發揮效用。我們可以具有崇高的意圖、精神上的啓發性、目標與行動正確、有條理且充滿智慧，或是當一個徹徹底底的好人，但如果無法全心全意陪伴在對方身邊，我們將難以體會對方的需求、感受與要求。

陪伴並非隨時隨地陪在對方身邊，而是**全心全意**相伴，給予關注。陪伴也包括非語言的溝通，諸如我們的臉部表情、眼神接觸、動作和音調，安慰的語言有近八成不需要靠話語溝通。（雖然有些人會說他們在聽，但他們同時也在寫些什麼或傳簡訊，這對於需要安慰的人來說，一點都不安慰。）

就安慰來說，傾聽和話語一樣重要。根據牛津字典的定義，傾聽是指凝神專注。如果我們能夠專注聆聽，便開啓了提供安慰的管道。

當我們全心陪伴某個人，便是讓對方知道他對我們很重要，我們很在乎他的感受。要安慰別人，最簡單且最眞誠的溝通最有效。有時候我們能說的只是很遺憾事情變成這樣，然後靜靜地陪在一旁就好。

以下是個關於陪伴如何帶來力量的故事。派翠西亞・艾倫（Patricia Ellen）身爲悲傷輔導員兼校牧，同時服務於緬因州波特蘭一間兒童悲傷治療中心。她訴說了她自己如何得到安慰的經歷。

「一九八八年是我人生中最悲傷與黑暗的一段時間，我十四歲的兒子道格在那一年自殺身亡。他死後八個月，某個夏日傍晚，在新罕布夏的波茨茅斯，一件溫暖又自然而然發生的事情，帶給我身心極大的安慰。

「當時有兩名友人前來造訪，邀請我跟他們一塊兒去健行。我們沉浸在芳香怡人的夏日空氣中，漫步在蓊鬱的花園與樹林間，多半時候沉默未語。整個下午我朋友只說了四句話。但在那樣的靜默中，我感受到他們發自內心的愛與關懷如波濤般不斷湧來。在他們溫暖的陪伴下，我的心平靜下來，敞開心房觀看四周自然的美景。

「對我來說，這是一場帶來轉變的體驗，我感受到朋友與大地帶給我的安慰，多半時候不需言語，他們讓我明白陪伴的神聖意義。」

如果我們能夠拋開話語的枷鎖，我們需要做的就只是靜靜聆聽。靜默的時刻是神聖的，我們的心靈相繫，有時這一刻就是最好的解藥。

同理心：體會他人的感受

不論我們是否認同他人的信仰、地位或是背景，同理心讓我們可以體會別人的感受。因爲我們在各自的人生中都經歷過失落與悲傷，所以我們能夠感受別人的感受，即使他們的生活經驗與我們截然不同。身而爲人，相較於各異的意識形態、宗教信仰、文化或是性別，挑戰與苦痛的共通性對我們來說意義更是重大。

我們大多具有同理心，可惜的是，隨著社會文化的發展，我們逐漸發展出一些不好的習性，壓抑了同理心這個重要的能力。其中一項別具破壞力的習性，是我們常常會去比較不同的痛苦遭遇，這對安慰來說簡直是場災難。

我們經常會陷入一種「別人的經歷比你更悽慘」的比較漩渦裡，我們誤以爲「拿別人的例子來比較」可以減輕一個人的痛苦：「你以爲房子被法拍很慘，但你瞧瞧那些卡崔娜颶風的受災戶，他們比你慘多了。」（或者拿無家可歸的遊民相比，或是住在貧民窟裡的可憐孩子，或是難民營……）可是比較不同的遭遇並無法讓難過的人變得比較不難過。

儘管我們經常比較和量化痛苦的程度，但這種方式無法達到安慰的效果。要成爲一個眞正有幫助的安慰者，最好先學會尊重每個人的痛苦，不論造成痛苦的原因爲何。

舉個例子。珍妮加入了離婚者的支持團體，她提到她的兩個已婚女性友人總是拿她的情況與她們相比，試圖減輕她的低落感和無助。

她們約在一家泰式餐廳用餐，她告訴朋友她難以適應單身生活。接著這兩位友人便拿她們自己的婚姻狀況與她相比，並責備她說：「糟糕的婚姻生活比單身更寂寞。妳現在自由了，全新的生活就在妳眼前。」她們可能是出於善意，試圖幫助珍妮不要感到沮喪，但實際上她們低估了她的痛苦。珍妮從朋友身上接收到的訊息是，她不值得安慰，在友人眼裡她的難受毫無根據，因此她的遭遇不值得她們同情。聽完她們的意見，她的心情更加沮喪，甚至更加寂寞。

朋友離開後，珍妮繼續待在餐廳裡，餐廳的女老闆年齡與她相仿，趁著傍晚客人較少的時候跟她聊了一會兒。她告訴珍妮自己離鄉背井的故事。她努力掙錢，勤奮工作，在沒有丈夫陪伴的情況下獨自扶養兩個孩子，因爲她丈夫不久前遭遣返泰國。珍妮深受感動，也簡短分享了自己獨自生活的故事。

「很困難，不是嗎？結束了一段婚姻，嘗試找到自己的生活。」女老闆問：「妳有孩子嗎？」

當珍妮回答說自己沒有孩子時，只見對方輕輕搭著她的手臂說：「這麼說來，妳孤家寡人，沒了丈夫，也沒孩子……聽起來眞令人難過。我很遺憾。」

珍妮忍住淚水，微笑向對方致謝。這個陌生人不知道自己的簡單幾句話，竟然讓她獲得大大的安慰。她們兩個人眞心感受到彼此的悲傷。

當我們不去比較痛苦，便能以同理心對待彼此，不論對方只是個剛學步的孩子，或深受相思之苦的青少年，或心碎的寡婦，或是餓著肚子的難民。

不論個體的差異有多大，我們內心都有著相同的情感。就連寵物都能夠明白主人的心思，更何況是自己的孩子、偉大的藝術家、小說家或治療師，但我們許多人往往壓抑了同理心這個美麗的天賦。

真誠：發自內心，真心誠意

上述故事中的泰國女子基於同理心，願意敞開心房，向對方展現她眞正的感受與眞實的自我。見到她眼中散發的眞誠關懷，便讓人感到安慰。發自內心的安慰話語毋須太多。

尊重他人：重視各種不同的努力與價值

眞正的安慰必須尊重對方，或至少是在尊重對方的意願下展現好意。好的安慰者不會強迫我們、催促我們、打發我們、操控我們，或是拿陳腔濫調來敷衍我們。他們會仔細聆聽，歡迎我們提供意見，即使他們並不贊同。他們重視我們的感受，也尊重我們。

身爲安慰者必須學會重視我們身而爲人所面對的各種挑戰，不論需要安慰的人是四十歲、十三歲或八十歲。他們相信人人都是經過勤奮努力才會到達現在的位置，每個人都很重要。

這樣的安慰者通常具有讓人們在會議、聚會或團體中感受到自身重要性的天賦。舉例來說，優秀的團隊導師會鼓勵參與者發表意見，但也尊重那些尚未準備好或是還不願意發表意見的人。

充滿耐心：讓對方決定他什麼時候要說，什麼時候要做

一位有耐心的陪伴者對悲傷難過的人來說是種福賜。面臨失去與生活困境時，人們通常很難說清楚他們需要什麼或想要什麼，可惜的是，周遭的人往往在他們把話說完前便加以打斷，有些人還會催促他們「說重點」，或者叫他們「別再重複，你已經說了兩遍」。身處痛苦或是危機中的人難以集中思緒，他們需要時間釐清思緒。

表達關懷：寬容、同情、細心、體貼

就安慰的語言來說，一個微小的關懷舉動就足以代表一切。一位剛喪妻的老先

生告訴我，住在他隔壁的那個害羞的十五歲男孩每天都來幫他遛狗，這樣的舉動令他很感動。「我們幾乎很少交談，不過那孩子很愛我的狗，每天下午四點準時出現，不論晴雨都替我遛狗半個鐘頭。他跟我的狗兒玩飛盤，振作牠們的精神，也讓我跟著振作起來。」

可靠性：值得依賴與信任，說到做到，信守承諾

有個值得信賴的人陪在身邊，對悲傷者來說格外重要。在他們面臨複雜、不確定與沉重的打擊時，必須有個人可以依靠。比較好的安慰方式是提供一個我們確實做得到的承諾，一個可靠的行動，而非開出空頭支票。約定一個簡單明確的行動，例如每個星期一晚上打電話問候，而不要空泛地承諾每個禮拜都會打電話，或者說「我隨時都在，你任何時間都可以打電話給我」之類的話。我們必須誠實告訴對方我們能夠扮演安慰角色的特定時間，不論我們有多在乎對方。當我們明確表達並確實做到時，才是眞正的陪伴。

我曾聽過不少悲傷難過的人們感嘆別人不遵守承諾，這比吝於關愛或不伸出援手更令他們受傷。有時候樂觀又充滿愛心的友人承諾陪伴他們，卻在事發幾天後就

消失無蹤。令人感到意外的是，那些看來謹慎小心的人，那些在背後默默支持的人，通常是眞正的安慰者。他們會定期關懷問候。他們或許會從自家菜園摘些蔬菜過去探望，或是上完教堂後約對方去喝杯咖啡，或者當對方在醫院忙得焦頭爛額時，替對方跑跑腿並提供實際幫忙。

釐清安慰的界線：讓對方知道你實際上能夠為他們做些什麼

安慰者並非無所不能。我們必須清楚告知需要安慰的人，我們能爲他們做什麼，以及不能做什麼。這是身爲一個可靠的安慰者必須具備的重要特點，而實際上這麼做對於需要被安慰的人來說是有幫助。遵守分際，才不會讓事情超乎我們所能夠承受的範圍，避免事後的誤解與埋怨。

一位剛喪偶的男士在一個悲傷者的支持團體中，告訴我們他在接受安慰的過程中，有很長一段時間不知道該怎麼辦才好。

「最可笑的是，最能夠安慰我的人，是那個每個月只能夠見我一次的人。儘管許多人都說會常來探望我，但多半時候他們並未兌現承諾。我希望他們別把話說得如此含糊不清，讓我的期待常常落空。但我這位朋友十分明確且直接告訴我，他實際上能夠幫上什麼忙。他甚至坦承他不知道如何跟我談論悲傷的話題，但他告訴我，至少當我想看電影時可以有個伴。所以我們每個月會挑一個週末的夜晚去看場電影，一塊兒分享比薩。這樣就很好了。」

令人覺得溫暖：和藹可親、帶著真誠的笑容

問候和介紹彼此是建立關係的前提。如何表達親切的問候是安慰的一門藝術，而有時候我們可以在媒體上看到這樣的技巧。

想想那些在媒體圈屹立多年的主持人或新聞主播，觀察他們獨特的迎賓方式以及主持的技巧。看他們如何利用溫暖與熱情親切的方式，讓受訪者感到自在。從這些主持人、新聞主播或是記者身上，或許我們可以學習到互動的技巧。我曾在支持團體中聽見有人如此描述他們喜愛的媒體人：

「艾倫・狄珍妮（Ellen DeGenere）讓人感到放鬆與親切。她的舞步總是令我發笑。她是一個善於打破僵局的人。」

「安・克里（Ann Curry）溫暖的聲音撫慰人心，而且她總是以熱忱的眼神接觸與來賓進行交流。」

「比爾・莫耶（Bill Moyers）總是耐心、安靜地傾聽對方說話，他有副溫暖的嗓音。」

接受別人：心胸開闊、不評斷他人、願意從他人身上學習

有些人總是對他人感到興趣且充滿好奇，而且當自己與對方意見不合時，仍然願意傾聽與接受。他們喜歡從別人身上學習新知，提問並探討不同的觀點，不論對方是否接受自己的意見。

以下是一位來自癌友支持團體的病患，她道出自己每個月會見一次面的髮型師，是個心胸開放、友善的人。

「貝蒂從來不會忘記什麼。她可以記得兩個月前我告訴她的事，而且每次見面總是不忘問候傑米的近況。有人對你的家人如此關心，眞是令人感到安慰。她從不批評我，而且對我告訴她的事感到高度興趣。我會跟她談論有關傑米的事，這些事就連最親密的好友都不知道。」

保持冷靜：專注、穩定、安靜、沉穩、平靜

有些安慰者散發出平靜與穩定的力量。他們不會表現出一副驚惶失措的模樣，也不會檢視批評我們說的話，或是顯得過度小心翼翼。

我的一位同事在療養院擔任護士，她擁有迷人的沉穩特質。病患家屬若感到心煩意亂時，就喜歡找她聊聊，通常只要有她在，很快就能讓人安心下來。她的沉穩以及說話的語調、動作與臉部表情，都充滿了安慰的力量。

懷抱希望：相信對方會好起來，給人希望卻不說教

好的安慰者總是對於人性懷抱希望。他們相信人類在心靈與精神上有無限的潛力。這些充滿熱忱的人通常本身也經歷過痛苦的泥沼，甚至是極大的苦難，度過之後，他們學會更加熱愛生命，尋回內在的勇氣。

傑夫．路易斯（Jeff Lewis）在一家退伍軍人醫院從事護理工作（稍後對他的故事會有更詳盡的介紹），他告訴我們他總是鼓勵病人要懷抱希望，即使即將走到生命的盡頭。他會幫助病患找到對生命抱持希望與繼續撐下去的力量。接受傑夫照

顧的某位病患告訴他，雖然生命僅剩下幾個星期，「他仍然懷抱希望，期待能夠擁抱下個月就要從伊拉克返鄉的孫子。」

謙虛以對：明白每個人都有各自的優缺點與限制

許多安慰者只是默默提供協助和慰藉，他們不期待也不需要受到讚揚。他們明白任何人都無法對任何事物做出最終、最正確的評價，他們也接受自己所知所見有限的事實。

謙虛幫助我們明瞭自己與他人都有陰暗與脆弱的一面。一個優秀的安慰者會勇於面對內在的好壞和醜陋面，而且能夠真誠地將這幾個面向結合起來，展現對於人性的愛。而這些人正是那些願意提供陪伴的人，他們樂於傾聽人們最脆弱、羞恥與難堪的事實。

給予支持：以話語和行動幫助別人建立信心

有些人善於讓我們看見自己最好的特質，他們比我們更了解我們自己。他們帶給我們力量，鼓舞我們。他們告訴我們如何發揮自己的優勢，但並非一味說教，或者指示我們應該怎麼做。他們只是相信我們，僅此而已。

我認識一位優秀的職涯諮商師，她便具備了加強客戶信心的天賦。她幫助客戶撰寫很棒的履歷，完美地描述出他們的最佳特質。然後當這些人去面試時，他們對自己的性格與成就會表現信心滿滿的模樣，進而獲得機會與賞識。這位諮商師在客戶身上蓋上了「合格」的圖章，有效建立他們對自己的信心，也令別人對他們散發的自信印象深刻。

感恩之心：認同別人的價值，對一切懷抱感謝之情

由衷的感謝總是令人覺得感動。展現我們對別人的感謝之意，可以讓繁忙與艱難的生活得到一絲慰藉。花點時間表達個人內心的感激之情，對任何場合或是團體來說，都是一項很棒的交流。它提供我們一個喘息的空間，讓我們稍作停頓，感謝一路下來受到的幫助。

慷慨大度：不求回報，自願付出

有些出於自發性的慷慨舉動總是令我們感動。以下是一位在勒戒中心的男子分享的經驗，他相信這段遭遇有助於他的復原。

「我遇見老友，兩人約了一塊喝咖啡。起初我以爲我倆頂多待上一個鐘頭，之後他提議我們一起到我最愛的書店去逛逛。他說他很喜歡有我相伴，也想要瀏覽幾本我們都喜歡的書。我們一起度過美好的時光，買了兩本啓發人心的回憶錄。有時候，別人一個意外的舉動會帶來最大的樂趣與回報。」

溫柔體貼：敏銳察覺對方的反應

一個體貼的動作，諸如遞上一張面紙，或是輕柔碰觸對方的手臂，都能夠打破安慰過程中的僵局。以下是一個對飛行感到不安的人告訴我們的故事：

「我討厭搭飛機，特別是當遇上亂流的時候。飛機顛簸不已，我覺得很不舒服。有一次，一位坐在我身邊的婦人輕輕拍拍我的手臂，問我還好嗎？我當時肯定面色發白、表情驚恐。我握住她的手，望著她的眼睛與溫柔的笑容，我看得出來她懂我的感覺，也能體諒我的不安。」

適應力強：懂得變通，能夠隨機應變

安慰者通常懂得隨機應變，順應當下的情況。他們並不是過度配合或沒有原則，但他們願意調整行程、主題或是地點，好讓別人覺得更自在。就算只是發個短訊，或是傳送會議和演說的相關細節，都可以緩和別人的緊張情緒。他們留意四周的氛圍、需求以及非語言的訊息，藉以做出調整，加強彼此的溝通。

智慧與經驗：經歷過各種挑戰與失落，習得人生智慧

有時候聰明的人選擇坐在角落，默默聆聽關於困難與痛苦的對話，然後找個適當的時機切入，分享個人的經歷，替過度憂心或不知所措的人們提供一盞明燈。年紀稍長的人在面對情感的問題時通常較爲成熟，對於人生的挑戰也有較爲豐富的觀點。好的安慰者通常也經歷過失去與失落，在起伏的旅程中獲得對人事物的智慧。但他們不會干預我們的選擇，只是與我們分享他們的生命歷程。

堅韌：堅持下去，充滿自信

當我們生病或是感到疲倦與虛弱時，身邊的人若顯得充滿活力、堅強與自信，便能夠令我們感到安慰。這些堅強的安慰者彷彿強心劑，幫助我們面對體力上的挑戰或是情感上的需求，例如替我們倒垃圾、照顧寵物，或是替我們打通電話給保險公司確認相關事宜。他們總是能夠在我們不知所措時替我們解圍。

每個人皆具備幾項安慰的特質。這些特質引領我們，讓我們懷抱一顆誠摯的心去關懷別人。儘管某些特質會隨著時間經過變得更加鮮明或是消失不見，但它們皆反映了我們的價值與目標。不少人發現自己擁有某些值得別人信賴的特質，終其一生便將這個特質應用在溝通技巧上。

再次瀏覽這份清單，選出其中五項作爲你自己的優勢。如果希望結果（特質）能夠具體些，你可以爲自己評分，以最低一分、最高十分作爲評量各種不同特質的標準。

‧陪伴與聆聽	‧同理心
‧真誠	‧尊重他人
‧充滿耐心	‧表達關懷
‧可靠性	‧釐清安慰的界線
‧令人覺得溫暖	‧接受別人
‧保持冷靜	‧懷抱希望
‧謙虛以對	‧給予支持
‧感恩之心	‧慷慨大度
‧溫柔體貼	‧適應力強
‧智慧與經驗	‧堅韌

舉例來說，我的強項是同理心、溫暖體貼、給予支持、可靠與關懷。其中最好與最持久的特質是同理心。

而我最不擅長的是陪伴與聆聽、保持冷靜、耐心與接受別人。我至今仍不是一個好聽眾（我給自己四分），儘管我受過許多諮商方面的實務訓練！我的同理心經常讓我受到別人的情緒牽動，我很容易一直說個不停。我必須小心不要隨意開口，我經常得深呼吸，保持注意力，舒緩緊繃的情緒。但我善加利用自己的特質，在支持團體中，或是身爲一個講師與訓練者時，能夠當個好的安慰者，而非只是指導與教學，儘管這方面我仍然在學習中。當然，身處在對我懷抱著眞摯情感的同儕與家人中，我努力發展其他較弱的安慰技巧，特別是學習做一個好聽眾。

請找出你自己的安慰特質。內向者可以發揮安靜、冷靜與善於傾聽的特長。善於表達者則可以展現關懷與溫暖的言行。可靠、溫暖但不會過度情緒化的人，只要一個小小的舉動，就可以讓人們感到安慰，例如煮一頓飯、幫忙跑跑腿，或是做件特別的事。當然，任何一個貼心的舉動都能夠帶來撫慰的力量。當我們付出眞誠的關懷，不需要任何技巧，也能讓人感到安慰。

第二章

安慰的行動

尋找小小避風港

五年前，我面臨了比「同情疲乏」（compassion fatigue）更糟的感受——對於整個社會普遍缺乏同情心，我感到失望沮喪。我們需要的那張社會安全網究竟出了什麼問題？我很驚訝看到醫療、教育、居住與兒童保育的社會福利不斷被刪減。一九九〇年代，我曾經在盛極一時的精神醫療機構與職業重建中心服務過，但如今對於飽受嚴重精神疾病所苦而遭到隔絕的可憐病患，必要的救助計畫也遭到裁撤。還有更多的社會服務持續在衰退中。我看著重建中心裡幾個同事變得愈來愈悲觀和憤世嫉俗。對於身心受創、脆弱或貧窮者來說，缺乏社會支援恐怕會讓日子變得更難過。

如同許多我曾照顧過的案主遭到社福機構「遺棄」，我對提供我醫療照護的單位也有所怨言。當我向他們尋求協助時，我覺得自己不被重視，甚至連說話的餘地都沒有。我耗了大半時間試著找個人眞正願意聽我說，也願意撥時間給我。我看了許多醫生，想要查清楚心臟與上腹部出現莫名疼痛的原因，但是沒有人願意耐心聽我描述，我的症狀被診斷爲焦慮所引起。當我提到自己曾經差點在書店昏倒的恐怖經驗時，我希望有人可以正視我的問題。然而，我得到的建議是去上一些放鬆情緒的課程，或是多走路散步。

爲了縮短看病的不愉快與漫長等待，最後我鎖定兩位經驗豐富、備受推崇的女醫師，請她們替我做詳細的檢查，包括心臟超音波、壓力測試、心電圖和其他檢驗。她們找出問題原來出在我的左心室，我必須採取積極的治療，用幾種強效的藥物控制血壓與心跳頻率。如果我沒有聽從自己的直覺，如果沒有人認眞聽我說，說不定再過幾年我就會心臟衰竭而死。

這兩位女醫師都是很好的安慰者。她們全心投入，帶著尊重與同理心聆聽病患的描述，耐心提供我一個可以誠實、完整且自在說出內心感受的機會。她們不僅讓我覺得自己被聽見、受到支持，也讓我能夠平靜下來，在醫療上、倫理上與情感上都受到妥當的治療。我感受到自己身而爲人的尊嚴。我就跟一般人一樣受到尊重。我的心臟問題不只是我的「幻想」。

這兩位救命恩人帶給我很大的啓發：安慰的技巧不僅是爲了加強彼此連結的潤滑劑或裝飾品，而是清楚、眞誠、敞開心房的溝通所必要的。如果人們沒有感受到眞心的接納與鼓勵，他們怎麼會願意說出自己的遭遇和感受，那麼安慰者又要如何拉他們一把呢？「安慰的藝術」指的是營造一個讓人們願意說出內心感受的環境，以我的例子來說，甚至救了我一命。我們需要能夠撫慰人心的安慰技巧，建立溝通的信賴管道，特別是在那些理應要能夠療癒我們的冷酷醫療領域。

安慰的技巧如此重要，讓我覺得自己必須從其他專業裡，收集更多這方面的智慧。必定有極富同情心的安慰者，他們善於打造一個安適的環境，讓羞於啓齒與痛苦的經歷能有發聲的管道，讓人們願意開口說出事實經過，而不會覺得被迫、被批評、被打斷或是被忽略。這些安慰者就在那裡，忙於各自的工作，卻擁有在我們脆弱時願意接受、尊重與關懷我們的天賦。他們讓我們知道，在這個需要溫柔相待的冷酷世界裡，我們可以是彼此小小的避風港。

安慰的核心技巧

我其實不用到處尋找善於安慰的人以便收集整理他們的經驗，在我原本的生活圈中就有不少各個領域的傑出人士，每當我需要加油打氣時，他們總是能夠鼓舞和激勵我。於是我從身邊這些來自各地方的事業夥伴們開始，而他們也會推薦其他很好的安慰者給我。

透過非正式的一般討論，還有一些比較正式的採訪，最後我集結了十三位優秀的安慰者的見解與建議。他們每個人都有根據自己的執業和角色所形成的獨特觀點，而我發現他們所使用的安慰語言大同小異，所運用的安慰技巧也具有共通性，這一點讓我對自己的寫作主題更有信心。這些人可能是護理師、心理諮商師或社工人員，他們每個人都能以有效且迅速的方式將安慰付諸行動。當我學習他們的方式時，才發現很多時候只要花一點點時間，就能讓別人的心情轉變，達到安慰的效果。更讓我驚訝和開心的是，他們建議的方式對於我們多數人來說都是可行的，不論在家庭或工作上。

這些安慰導師們都告訴我，在「談正事」之前要先建立連結。安慰的重點，是把人擺在第一位，不論你有多少事情要做或要談。不論排定什麼討論事項，也不管你的頭銜、目的、角色爲何，強調人和關係本身，是安慰的基本要件。

安慰者提供溫暖的接待，邀請我們進入他們的空間，讓我們有種歸屬感，不論我們去到那裡的目的是什麼。很多時候，當我們爲了達到什麼目標，而必須快速從對方身上取得資訊時，往往便喪失了安慰的契機。如果因爲時間匆忙而忽略了關懷的微小舉動，就無法建立起連結。

根據這些安慰者的說法，只顧著自己想要達成的目的，是安慰的最大威脅。如果安慰者只想著自己要做什麼，一路只往目標前進，想當然耳對方一定接收不到安慰的訊息，只覺得自己是達成目標的工具。在這種情況下，對方會覺得自己像個機器、商品、物品，而非活生生且値得關懷的人。

即使工作忙碌，我們還是可以給予別人關心和安慰，而且長期來看，建立好的連結是有益的。花個幾分鐘的時間眞心表達關懷，往後當對方的擔憂加劇或問題變複雜時，溝通才會同樣順暢。

以下這份清單是我訪談了幾位安慰大師之後，整理出他們經常運用的安慰技巧：

一、預作準備：在面對悲傷難過的人之前，先了解對方的處境和問題。

二、問候招呼：建立溫暖的連結，讓對方感到安心。

三、培養熟悉感：讓對方覺得被接納，特別是在不熟悉的環境裡。

四、營造舒適的環境：具有療癒與恢復精力的功效。

五、對話：以帶有同理心的方式與開放式的問題進行溝通。

六、引導：帶領對方進行可以平撫心情的活動。

接下來我將介紹五位才華洋溢、平易近人且善於溝通的專業人士，他們各自在其領域上擁有至少十五年的資歷。他們將傳授我們安慰的技巧與實踐方法，也將爲我們示範如何在忙碌的工作中建立人與人的連結，以及其他具體、簡單的安慰方式，包括語言與非語言的技巧。

與他們的實務技巧同樣重要的是，他們的人格特質。每位安慰導師都擁有獨特的特質，在慷慨分享他們的知識與技巧時，這些特質也會跟著展露出來，以其獨特的方式將安慰付諸行動。回顧前一章介紹過的二十個安慰特質，我們會看到這些導師或多或少都具有這些特質，也善加發揮。儘管特質各有不同，專長也不同，但他們皆具備同理心，也能夠提供眞心的陪伴。

建立連結先於一切

示範者：傑夫．路易斯 Jeff Lewis

★心臟專科護理師

★緬因州奧古斯塔的圖古斯退伍軍人醫學中心 Togus Veterans Affairs Medical Center

★傑夫表示，每回病患跟他分享他們的經歷時，他總是告訴他們：「能夠知道你的事是我的榮幸。」

重要的安慰特質：感恩與尊重

我在傑夫工作時打電話給他，爲此感到有些不安和不好意思。我本想友善且簡短地留一則語音訊息，邀請他一起聊聊。結果他接起了電話。我簡單自我介紹，並說明這通電話的來意，然後小心翼翼問道：「你有空嗎？」

出乎我意料的是，他欣然回答：「我有三分鐘時間。」

在這三分鐘結束前，我們就約好在圖古斯退伍軍人醫學中心，利用每週一的午餐時間，進行爲期幾週的簡短訪談。談話進入第四分鐘時，我留意到時間已經到了。「感謝你給我三分鐘的時間，我就不再打擾了……眞是太感謝你了。」

掛上電話前，傑夫對我說：「謝謝妳打給我，這算是我今天一個美好的驚喜。我很榮幸能夠接受關於安慰這個重要議題的訪談，我有一些不錯的故事可以分享。」

簡短的交談後，我直覺傑夫是個理想的導師人選。在這四分鐘的談話過程裡，儘管有要緊事得談，但是他讓談話的氣氛顯得輕鬆自在。這世上確實存在著這種仁慈、尊重他人與懷抱感恩的人，即使是在忙碌的醫院。

隔週一在心臟科的午休時間裡，傑夫跟我談論著安慰這件事，彼此相談甚歡。這期間有幾個病患衝進他的辦公室，中斷我們的對話，但每回傑夫都能夠冷靜且專業地把話題轉回原本交談的內容，他知無不言，也仔細聆聽我說的話，彷彿我是最重要的人，至少在那短短幾分鐘裡我有這樣的感覺。

我們的談話經驗讓我更加相信，不管再怎麼忙亂的場合，也能夠做到全心陪伴。短短幾分鐘的關注就能夠讓人感到滿足與完整。他帶著微笑，不時點頭、聳肩與大笑，還有那種「我明白你的意思」的表情，全心投入在我對於安慰這門藝術所抱持的熱情談話中。他對我提出的問題總是感到好奇且充滿興趣，我們一起重溫他安慰病人的許多故事。

「我的病人常讓我驚訝。」他不可思議般地搖搖頭，「他們比妳所想的更堅強，多半時候是他們在安慰我。」

看著傑夫的病人走進他辦公室的時候臉都亮了起來，以及他如何以輕鬆又親切的方式打招呼並回應他們的需求，我可以了解傑夫爲什麼會受到這群老兵的歡迎，還有他診間牆上掛滿獎牌的原因。當我對傑夫的背景更加了解以後，我才知道他爲何要盡力去安慰傷痛的人。

我父親三十九歲就離開人世，當時我十二歲。他被診斷出罹患結腸癌，做了結腸造口術，之後癌細胞擴散至肝臟。我看著他面對疾病的樂觀態度，也從他身上學到不少安慰的技巧。

儘管他病得很重，全身痛苦不堪，仍不忘讓我們知道我們對他有多重要，這一點給我們帶來了不少安慰。他堅信保持樂觀的態度與其說是爲了他自己，不如說是爲了他身邊的人。他常常對我說：「如果你覺得好過，就可以讓不好過的人覺得好過一些；如果你覺得不好過，你就會讓好過的人變得不好過。」他還告訴我，透過行爲、心情和表情，人與人之間會互相影響，不論好壞。儘管他的一生很短暫，但是他以身作則讓我學到，當我們讓別人覺得自己被重視時，我們也會感受到被重視。

在我父親罹癌前，我是那種典型以自我爲中心、喜歡指使別人的孩子，對於嘲笑同學或是跟兄弟打架等種種行爲一點也不在乎。但是父親生病之後，我看見憂心不已的母親和手足們努力照顧病中的父親。他們深怕自己做得不夠。而父親總是握住他們的手，肯定他們的幫助。我看著父親如何安慰想要安慰他的家人，以及家人如何帶給他安慰。不久，在父親的激勵與訓練下，我也開始實踐一些安慰的言行，感受到家人之間的關係確實舒緩不少。令我感到驚訝的是，我發現自己喜歡當一個安慰者，一個滋養者，一個給予別人關懷的人。也難怪最終我會選擇在醫療機構裡服務！

傑夫青少年時期便自願加入當地的急診中心服務，學著如何安撫並照顧救護車上飽受驚恐的病患。之後，他在消防單位從事兼職的醫護人員長達十二年之久，同時間也擔任急診部門護理人員，前後約十五年的時間。他在圖古斯退伍軍人醫學中心從事醫護工作已經七年。他的工作自有一套嚴密且迅速的流程，好處理病患的緊急狀況。三十年來他日復一日都在面對生死交關的情況，從中實踐安慰的技巧。

不論身在何處，他總是將父親的話牢記在心。「每當我走進醫院工作，我時刻不忘父親說過的話，以及他對生命的熱愛。爲了周遭其他人，我實踐著『好過也是一天，不好過也是一天』的準則，而這麼做確實幫助我每一天都好過。」

傑夫認爲安慰者應該具備的特質：

- 表達溫暖與誠摯的關心，了解對方的感受。

「身為一個安慰者，意謂著要關心病患，把他們視為真正的人而去了解他們。最重要的是，在進行任何治療以前，要先建立連結與信任。根據經驗，如果我剛接觸病患時過於心急，未能好好聆聽他們的心聲，在往後的治療過程中，往往會比較難互相合作。因此，一開始花時間去了解病患，長期來說反而是節省時間。」

- 感謝對方願意分享自己的故事。

「我深信感謝的力量。讓對方明白我的感激與尊敬之意，特別是對那群退伍軍人們，有助於建立信任與健全的連結。我從我父親身上學到，讓別人知道他們自己有多重要，是很有助益的一件事。我們要讓一個人知道他對一段關係有多重要，而非僅僅關乎一項治療或計畫。向人們展現感激之情，便創造了一個機會，讓對方看出自己的力量、價值，以及個人的正面特質。」

- 給予關注。
- 找出能為對方帶來安慰的事物。

傑夫的安慰技巧示範

一、倘若資訊可得的話，與對方見面前應該對其背景與情況有所了解。

傑夫認爲，與我們想要幫助的人見面前，資料的準備是很重要的一件事。「和一個人見面前，我會藉由各種資訊管道，先了解對方的狀況。這麼做可以幫助我預先設想他可能遭遇的問題。我也會研究一下對方的社會支援網路，尤其是那些缺少社會資源的人。我會看看他近來是否遭遇什麼變故。舉例來說，如果我發現對方剛喪偶，或是近期才換到不同的療養機構，我會順道解釋說悲傷和壓力可能會影響治療。」

傑夫表示，了解對方的狀況還有另一個原因，在於避免問了太多敏感的問題。「對方也許在情緒上與身體上承受了很大的痛苦，還沒準備好說出來或解釋清楚。」

極度的壓力與悲傷會影響我們的認知能力、記憶、專注力和理性思考。對於悲傷難過的人來說，回答他人爲了發現事實而提出的連串問題，只會讓他們更難過。我們必須懷抱善意地詢問對方「發生了什麼事」，而且必須了解我們往往無法一次就獲得所有資訊或是確切的答案。然而，當我們帶著耐心、傾聽與感激之心，接納並感謝對方願意告訴我們的事，慢慢地對方將會更加願意敞開心房，向我們透露更多訊息。

二、以溫暖且尊重的態度表達問候，介紹你自己和你的身分。

我在醫院觀察過傑夫的做法，他會充滿朝氣地向病患打招呼，也很享受彼此的對話和玩笑話。儘管只有短短的交談時間，明顯感覺得出來病患放鬆了不少。傑夫表示：「我會先自我介紹，告訴他們我是一位專科護理師，如果他們有任何疑難雜症，都可以來找我。然後，我會問他們怎麼了，仔細聆聽他們訴說近來發生了什麼事。如同我說過的，一開始與病患接觸時如果能多花點時間，那麼當治療過程中有任何問題時，溝通會更有效率。」

傑夫身為一名專科護理師的經驗之談，適用於所有安慰者身上。問候對於營造一個令人感到安慰的談話或會面是很重要的。當我們走進陌生的建築物去和一個陌生的人見面，或是前往朋友家中作客，或是結識新同事，對方溫暖的問候會讓我們覺得放鬆與安心。我們得到的訊息是：「很高興認識你！」而當我們沒有接收到這樣的訊息，不免會擔心哪裡出了問題，甚至懷疑對方並非真心相待。

三、跟隨對方的步調，分擔他們的憂慮。他們會讓你知道是什麼令他們感到困擾。

安慰他人時，我們必須先有的體認是，即便對方擔心的事對我們來說似乎並非眞正的困擾或問題，我們仍然必須尊重他們所感受到的切切實實的痛苦，並試著從他們的角度去看事情，了解事情如何影響他們。以傑夫的工作爲例，他必須找出病患擔心的問題，因爲這些問題可能是治療的阻礙，比方說醫藥費、交通、保險、房貸、婚姻或飲食問題，都有可能造成病患無法專心接受治療。傑夫必須知道這些問題並處理它們，首先他會發揮聆聽的技巧，引導病患說出內心的困擾。「我曾經見過有些病患因爲忘了將念珠帶在身邊，所以完全無法放鬆心情，在檢查過程中他們需要無時無刻握著念珠。我會認眞看待這種個人需求，這麼做可以讓他們在醫院裡感到更安心。或者有人看起來很生氣，這就形成了一道阻礙，而我必須想辦法說服他們說出憤怒的原因。當我花時間聆聽，讓他們發洩內心的擔憂與憤怒，便能夠建立相互的信任。」

身爲安慰者，我們必須感謝與尊重那些願意向我們透露他們的問題的人。安慰者並不是評斷對錯的人，我們不能說誰的問題是藉口或胡扯，或只是爲了「合理化自己的言行」。我們必須接受對方跟我們分享的所有擔憂，不論他是否準備好去處理或面對。也許之後他會準備好面對挑戰，但是在危機或悲傷的階段，他可能尚未準備好面對這一切。

四、找出可以讓對方抱持希望的事物。

小小希望也能成為有效的安慰工具。傑夫強調，「藉由仔細聆聽，我們可以找出對方內心期待的事物，所帶來的結果可能會令我們大吃一驚。」安慰時不需要說些激勵人心的陳腔濫調，或者像是「不會有事」這樣的保證，我們可以幫助對方想想有什麼想做的事。或許是帶著具有療癒效果的狗狗出去走走，或許是週末約姊妹一道用餐，或許是去看一場期待已久的電影。我知道有人為了看最新一集的《與星共舞》（*Dancing with the Stars*）而覺得精神振奮。即使是臨終病患，一樣能夠找到支持他們繼續下去的力量。

傑夫表示：「抱持希望是很重要的一件事，即使是臨終患者。給予希望並非讓對方懷抱不切實際的期待，或只是在加油打氣。給予希望意謂著我們必須聆聽對方的希望，和他們一起設定目標，不論他們剩下六個月或是六十年的壽命。身為一個心臟專科護理師，為了病人的心著想，我不斷試著燃起他們內在的火花，像是幫助病人多撐幾個星期，好讓他看到孫子出世。」

五、當對方向你傾訴個人的事情時，請展現感激之意。

當人們把自己私密的事情告訴我們時，我們可以友善地表現感謝之意。面對痛苦的問題，要敞開心房、相互信任，需要很大的勇氣。作爲安慰者，我們可以說：「你願意跟我分享這些事，我覺得很榮幸。這些事聽起來很難說出口。」對於向傑夫吐露心事的病人，他是這麼說的：「每回只要有病人跟我透露較爲私密的話題，我都會告訴他們，『能夠知道你的事我覺得很榮幸。』我會讓他們知道我有多麼感激他們向我吐露這些事，即使身爲專業的護理人員，照理說我知道病患的健康狀況，但病歷通常牽涉到個人隱私，有時難以向他人啓齒。我在醫院工作時，遇到向我敞開心房的患者總是令我備感榮幸，有時還會很驚喜。他們這樣做讓我們的關係深化了，之後當他們面臨預後問題或功能障礙時，也會回來問我。」

傑夫給安慰者的建議

不要這麼做	可以這麼做
雙臂交叉胸前。 兩隻手擺在臀部上。	放鬆手臂與肩膀，這樣的姿態看上去比較友善，不具威脅感。

由上往下俯視對方。	雙眼與對方保持平視。
一臉心不在焉。	看著對方的眼睛，特別是問問題的時候。
不斷使用醫學或專業術語。	使用日常交談的語言（就像跟鄰居或朋友說話一樣）。
把對方當孩子般說話。	使用日常交談的語言（就像跟鄰居或朋友說話一樣）。
自顧自說個不停。	稍作停頓，觀察對方的反應。讓對方有機會釐清思緒或提問。
話講得又快又急，或者含糊不清。	說話音調略低，語氣和緩。即便要表達強調和堅定，也可以語氣輕柔。
忽視在場的家屬和友人。	向在場的家人和訪客打招呼。
話語並非發自內心。	真心誠意地說。
請對方等待，卻沒說明原因。	讓對方明白為何得等上一段時間，以及需要等多久。當人們知道發生了什麼事會比較安心，避免胡思亂想。花個十五秒鐘說明，會讓對方的感受大不相同。

如何以讓人比較好過的方式傳達「壞消息」

有時候我們得把壞消息告訴我們所愛的人或是陌生人，這時候具有安慰效果的話語便派上用場。傑夫對於傳達壞消息很有經驗了。他鼓勵我們以誠實、謙虛、溫和的方式來做。

「要傳達不幸的消息實在令人頭痛。我們通常會預期對方聽完壞消息之後會有什麼反應，於是絞盡腦汁想要把話說得婉轉。但是我們的猜測往往跟結果很不一樣。多年來，我學到了預想結果反而有礙溝通。我們必須跳脫思緒的框架，跟著心走。當你眞心誠意地說，人們會看得出來。他們能夠從你的聲音和眼神裡感受到。如果我們看著對方，不帶預期和恐懼，通常就能找到正確的話語。

「每當我要告訴對方不幸的消息時，我通常會說：『儘管難以啓齒，但是……我要說的是……』大多數人比我們想像的堅強。我們可以讓對方知道我們相信他們夠堅強，就算沒有糖衣包裹不幸的消息，他們也能夠承受得住。我們可以表示陪伴和支持，無論沿途將遭遇什麼樣的困難。我們願意幫助他們走向下一步，因爲我們也無法預知結果。也就是說，我們目前只看得到一點光，無法了解事情的全貌。因此，當我們向對方說明壞消息時，比較有幫助的做法，是只談近程，以及下一步該怎麼做，不要談論太過遙遠、不確定的事。」

以下提供幾個告知對方（病患）不幸消息時應該注意的事項：

一、確保手邊握有資訊。有時我們必須解釋細節或複雜的狀況。

做好萬全準備再向對方說明事實與提供訊息。你必須有些確切的資料，好面對對方的提問，以及那些想要親眼看見「證據」的人。當人們聽見壞消息時，通常會想要看到消息從何而來，並不是他們不相信你，而是如果能夠親眼看見白紙黑字的證明，有助於接受事實。將資訊整理吸收後再告訴對方，並向他們保證資訊是經過精密評估的。

二、**說明「這是目前知道的狀況」**。**告知報告結果，提供下一步的選擇**。

舉例來說，讓對方明白療程的建議，或是其他可供選擇的方向，正反意見都要提供。也就是說，我們是在替對方想辦法、擬計畫，給他們選擇。這種「知識就是力量」的方式，本身就具有安撫人心的效果，能夠緩和對未知的恐懼。拿切片檢查結果來說，多數病患聽完報告以後，通常會想要知道情況有多糟或是多嚴重，而醫療人員的角色就是替他們將「壞消息」量化。我們必須保持謙虛，千萬不要直接跳到結論。

三、**讓對方也能參與決定**。

讓他們知道可以選擇的治療方式，同時給予充分的時間考慮。提供接下來的計畫和時間表，以便採取下一步行動。

以謙虛的態度面對他人的問題

示範者：亞莉安．多蒙帝 Adrienne Dormody

★教育學研究所畢業，社工師，病患教育專員

★明尼蘇達州羅徹斯特梅耶醫療中心 Mayo Clinic, Rochester

★亞莉安表示，提到安慰，我們必須牢記在心的是，沒有任何人可以看見他人的處境與問題的全貌。

重要的安慰特質：謙虛與誠懇

一九九六年，我在一個叫做「女性集會」（A Gathering of Women）的靈修團體遇見亞莉安；這個集會是由暢銷書《關照身體，修補心靈》（*Minding the Body, Mending the Mind*）的作者瓊恩．波利森科（Joan Borysenko）和她同事共同主持。在靈修開始的見面會上，瓊恩要我們從現場眾多的紅玫瑰中挑一朵，然後靜靜地走

到一位陌生的學員身邊，將花交給對方。我感覺到有股力量引領我走向亞莉安，把手中的花遞給她。

我們很快就聊起前來參加靈修的原因，我們兩人都想要尋求心靈的慰藉，好療癒身體的疾病。亞莉安才剛接受了子宮內膜癌一連串惱人的治療過程，她相信若能將她自己的經驗與其他女性分享的話，可以幫助她重拾內心的平靜。這樣的過程確實爲在場所有女性帶來啓發。在沒有特定方式和指引的情況下，眾人訴說各自生活中的遽變，也爲彼此的勇氣喝采。我們憑藉著信念撐過難關，勇氣可嘉，但我們也承認在撐過去之前步步維艱。

互贈玫瑰的儀式結束之後，我跟亞莉安成爲靈修的夥伴，幫助彼此重新尋回對專業的熱愛，避免熱情疲勞耗竭。亞莉安幽默又活力充沛，她總是以同情和同理心回應我所面臨的困境。

她大方與我分享她在專業領域上的體悟。她在梅耶醫療中心擔任精神科社工長達八年之久，提供團體、婚姻與家庭的諮商，並爲世界各地與各行各業的病人安排免費的健康計畫。之後八年，她繼續任職於梅耶的菸癮戒除中心，擔任諮商師，協助執行一個名爲「動機採訪」的諮商技巧，目的在讓病患更加積極參與治療。經過一段自我訓練以後，她將這套方法教給其他專業領域的人士。她在梅耶服務之前，曾經擔任教師和家庭教育者，以及居家老人照護的協調員。

亞莉安常常需要面對情緒失控的狀況，不論是沮喪的病患、焦慮的家屬、受挫的護理人員或來去匆匆的醫生，她總是帶著謙虛和體貼的心緩解緊張的氣氛，她會提出簡單的問題，幫助對方釐清和說明自己的需求。簡言之，她的謙遜態度幫助她能夠從別人的角度看待問題。亞莉安說明她如何服務病患：

提到安慰，我們必須牢記在心的是，沒有任何人可以看見他人的處境與問題的全貌。我知道自己只能看見片段的事實與部分眞相。面對病患時，我試著不帶假設和預期，完全陪伴與傾聽。這不容易，我也不是每次都能做到。我總是提醒自己，我個人的觀點、醫護人員的觀點、病患的觀點及家屬的觀點，都只是事情全貌的一小部分。對於醫護人員的付出我十分佩服，特別是他們背負的期待和要求。我相信他們對於病患盡心盡力，儘管他們也是從他們的角度看事情，就跟我們其他人一樣。

身爲病患的教育者，我是醫病之間的連繫，爲了整合所有資源，我必須在聆聽各方意見的當下扮演好安慰者的角色。如果讓我的自我、緊張情緒或偏見參雜進去，我就無法確切傳達健康的訊息，導致醫病溝通不良。

多年來，亞莉安跟我常常聊到謙虛與真誠對於安慰者來說有多重要。真正的安慰者能夠接受自身與他人的過錯，他們了解再堅定的信念也可能因爲突然的失去而動搖。即使最神聖的承諾與價值，也可能在遭遇了意外的打擊後就崩潰瓦解。安慰者明白當一個人的世界崩潰後，他會有多麼手足無措，因此他們願意懷著謙卑之心，與驚慌失措的人並肩而坐。亞莉安說：

沒有絕對不變的事。生命可能一夕翻轉。我們以爲掌握了一切，突然間整個世界卻顚倒過來。一個威脅生命的疾病診斷便是如此。我在十四年前就親身經歷過。新婚三個月之後，我被診斷罹患子宮內膜癌。當時我正準備展開新的人生和新的家庭，對未來充滿喜悅的期待。這個需要長期抗戰的疾病徹底改變了我。身體承受著巨大的痛苦，以及伴隨著對抗病魔而來的謙卑心態，讓我更能夠同理別人。我還是相信沒有人可以評斷任何事情，至少不是在這當下！

近來亞莉安跟我分享了新年願望，我們總是繞著同樣的目標打轉。我們彼此坦承各自犯下的錯誤，以及老是缺乏達成目標的決心，唯一值得安慰的是我們面對困難和挫折時的勇氣。一如往常，每當我覺得自己失去方向或是偏離常軌而感到驚慌失措時，亞莉安在安慰我之餘，不曾減損我個人的價值。

亞莉安認爲安慰者應該具備的特質：

・謙卑。
・溫暖。
・發自內心。
・關心他人。
・誠懇。

亞莉安的安慰技巧示範

一、面帶笑容，與對方眼神交會。

亞莉安認爲打招呼時臉上帶著笑容很重要。人們會因爲我們溫暖的舉動和友善的眼神接觸，立刻覺得寬慰不少。在初見面的五秒鐘內展現眞誠的笑容，是個值回票價的肢體語言。不必太過誇大，也不用逢迎媚笑，發自內心，帶著暖意，適度且善意的笑容確實能讓沮喪難過的人感到安慰。

二、說明自己身為幫助者的角色，建立連結。

幫助對方明白我們身爲安慰者的角色，以及我們如何和其他可以提供幫助和社會支援的人共同合作，協助對方度過難關。讓人們彼此認識與熟悉的技巧，是進階版的安慰的藝術。

身處在忙碌、冷漠且龐大的醫療環境中，若安慰者能夠讓病患知道他們可以提供的協助，以及如何利用他們的協助，病患很快就能減輕不安與煩躁。當我們知道在需要時可以向誰求助，我們會覺得更有掌控力。悲傷難過的人需要簡明具體的指引，幫助他們了解有哪些計畫、活動或是例行檢查。

我們要陪伴這些陷入低潮的人走過低潮，或是帶他們前往新的境地，在那裡他們將接受到各種幫助。或者，我們可以提供更具社會性與修復性的活動，陪伴他們認識新夥伴，幫助他們展開新的連結。總而言之，安慰者可以是很棒的領航者與嚮導，替傷心難過的人們鋪好一條通往嶄新網絡的道路。

三、以開放性的問題讓對方聊聊他的生活、興趣和關心的事物。

透過對方感興趣的主題，展開彼此的對話。對於他人的生活抱持一種善意、不會讓對方覺得不愉快的好奇心。

提出開放性的問題可以引發更多對話，盡量避免是與否的答案。好的安慰者知道什麼樣的話題會引發對方的興趣，諸如：「聽起來你是《報告狗班長》（*Dog Whisperer*）的忠實觀眾。狗狗對你來說有何意義？」而不要只是問說：「你有養狗嗎？」

四、認同每個人所扮演的角色的重要性。

在幫助與安慰別人時，每個角色都有其意義與價值，必須加以尊重和欣賞。亞莉安強調「了解事情全貌」和「各司其職」的重要性。安慰的目的之一在於提供安全感，從支付帳單的人、手術的醫師，到協助倒垃圾的人，每個角色都有他的療癒效果。在安慰的世界裡，每個人都是不可或缺的。

亞莉安給安慰者的建議

不要這麼做	可以這麼做
評斷他人的好壞。	保持謙遜之心。（「我很幸運能夠……」）
心不在焉。	與對方互動前，先整理好自己的思緒。
同時處理太多事情。	將注意力放在安慰的對象身上，一次處理一件事。
行事匆匆。	放慢速度：記得你的目的是要提供慰藉。
打斷對方的談話。	讓對方完整表達內心的想法。

亞莉安給照護者和家屬的建議

- 藉由話語、文字、提供實際協助的方式，讓對方知道你很在乎他。
- 釐清身爲安慰者的角色，同時承認其他照護者的重要性。
- 聆聽與照料。陪伴同在。帶著笑容。保持眼神接觸。
- 摸摸患者的手或手臂，給對方一個擁抱（在對方允許的情況下）。
- 對患者感興趣的事表示興趣，並提出問題。

- 邀患者去吃頓飯或喝杯茶。
- 和患者一起坐下來，不受打擾地好好吃頓飯，開啓眞正的對話，傾聽彼此的想法。（不講手機、不看電視、不發簡訊。）
- 分享彼此最感謝的三件事。（對孩子來說，這麼做可以舒緩他們的情緒。）
- 讓孩子聽聽祖父母或是家人的錄音。（我曾爲我兒子這麼做，當時我們與他祖父母相隔兩地。）
- 如果你說你會去醫院探望病患，就一定要出現。
- 對護理人員保持謙恭有禮。（這將影響病患是否受到妥善照料。）
- 善用醫院附屬的禮拜堂與牧師。或是到附近的庭院與靜謐的地方散散步。
- 分享興趣與嗜好（可以的話，預先告知照護者），諸如玩填字遊戲、編織、閱讀、攝影、棋盤遊戲、玩具、雜誌、手工藝、飾品與花藝。
- 輕柔地撫觸（可以的話，預先告知照護者），用點乳液替患者的手腳按摩。
- 提供音樂等其他娛樂。

表達眞實的情感

示範者：艾莉西亞．瑞森 Alicia Rasin

★公民打擊犯罪組織發起人

★維吉尼亞州里奇蒙市被害人權益代言人，里奇蒙警察局社區聯絡人

★艾莉西亞表示，安慰的重點在於：陪伴、傾聽、保持真誠。

重要的安慰特質：真誠與同理心

過去二十年來，艾莉西亞．瑞森的大半生活都奉獻給遭受凶殺、暴力以及其他諸如自殺、火災與家暴的破碎家庭。她幫助過許多家庭籌辦喪禮、哀悼會、燭光守夜及後續的探視，並提供悲慟的家屬諮商的管道。她替許多家庭爭取權益，包括法律協助、心理諮商與社會服務，更協助里奇蒙市的警察局訓練警員如何處理與輔導因謀殺與暴力而受創的家庭。

艾莉西亞熱愛她的家鄉，每當槍聲響起後，她總是帶著滿腔熱血就趕往鄰人家中，甚至比警察還早抵達犯罪現場。她在維吉尼亞是出了名的大膽和樂於助人，前

任州長提姆．肯恩（Tim Kaine）替她起了一個「里奇蒙熱心大使」的稱號，前任警察局長羅德尼．蒙羅（Rodney Monroe）則稱她爲「里奇蒙的德雷莎修女」。

我第一次跟她通電話時，她便熱情招呼，頓時讓我放鬆不少。在我向她提到撰寫這本書的想法後，艾莉西亞驚呼：「人們眞的沒有得到足夠的安慰，實在很可惜。」

艾莉西亞對於自己的健康問題也侃侃而談。多年前她曾罹患胃癌，最近還接受了心臟手術。她身爲被害人權益的代言人，以及里奇蒙市的警民聯絡志工，依賴殘障津貼過活，但她依舊全心投入工作。「醫生說我可能還得接受幾次心臟手術。我常感覺心臟不舒服，大概因爲太常傷心的關係。這得從一年半前我父親過世說起，直到現在我還是很想念他。」

艾莉西亞照顧自己的父親多年，二〇〇六年末父親過世時，她隨侍在側。她仍舊住在從小生長的屋子裡，環繞在父親的遺物中。我問她是否因爲得面對悲慟的家庭，加上喪父以及心臟不適的因素，而感到壓力沉重。她立刻接口：「噢，一點都不會。這份安慰他人的工作，實際上對我的心臟大有幫助，也是支持我繼續走下去的力量。我做的是上帝要我去做的事，安慰他人可以說是我生命的全部。」

二〇〇八年秋天，我終於有機會前往艾莉西亞家中作客。她家有一棵大型聖誕樹，點亮藍色的燈泡，矗立在明亮的客廳內。客廳的牆壁是粉紅色的，桌上則陳列許多家人與朋友的溫馨照片，以及多年來她服務過的許多家庭的照片。

我們談論到家人與朋友很難抽出時間好好安慰彼此的問題。艾莉西亞說起自己如何在百忙中抽出時間。「我有一堆衣服要洗，還有一堆訪談要進行，但我還是抽空去見朋友，因爲我知道他們很想跟我聚一聚。」

要把與親友相聚列爲優先處理事項的確很困難。「這也是爲什麼當我們相聚時，必須全心投入，把心交給彼此。我們需要陪伴，不只是多一個人、少一個人的問題，畢竟相聚的時光如此珍貴。」

她提到由於社會化的關係，我們習慣隱藏內心的感覺，以爲這樣可以讓悲傷的人覺得好過一些。她忍不住嘆口氣說：「如果我們不表達眞實的情感，只會讓對方更難過。悲傷的人常覺得自己跟別人不一樣，而藉由表達出我們同樣感受到的悲傷、憤怒或是恐懼，我們可以讓對方覺得不那麼孤單。我們的感同身受對他們來說就是最大的安慰。」

艾莉西亞建議我們在安慰他人的同時，應該傳達自己眞實的感受，這一點讓我受益良多。我向她坦承說，儘管我受過諮商訓練，但面對需要安慰的雙親時，我卻無法眞誠相對。我沒有孩子，所以我擔心自己無法眞正了解爲人父母的心情。我覺得自己和他們有點格格不入。

「艾莉西亞，」我問，「我怎麼能夠體會失去孩子的父母內心的痛苦？」

她溫柔的回答令我吃驚：「我也沒有孩子，但是過去這二十年來，我安慰過無數悲慟的雙親。妳只要眞誠感受他們內心的痛苦就行了。他們內心的悲傷觸動我內心的傷痛——父親過世、友人生病、社區遭遇麻煩，這些都是眞正的悲傷。身爲人類，悲傷是我們共通的情感。就算你沒辦法爲痛苦的人做些什麼也不要緊，只要你發自內心對他們說：『我就陪在你身邊。』只要妳現身了，他們就相信妳是眞的在乎，即使妳沒有說太多安慰的話。只要出現，傾聽，保持眞誠，陪伴他們。」

艾莉西亞告訴我，她是藉由觀察不同的安慰方式，學習如何安慰他人。她從小就會留意什麼能讓他人感覺好過一些。「直到現在，我每天仍然不忘學習怎麼做可以安慰他人。只要多觀察、多聆聽，就能夠找出安慰別人的小舉動——人們會提供暗示的。可惜多數人並未緩下腳步，留意這些微小卻重要的徵兆。」

艾莉西亞認爲安慰者應該具備的特質：

・明白參與並不一定要知道最後的結果如何。

「當我們提供協助時，我們不知道事情將會怎麼發展。我們必須放手，畢竟事情非我們所能控制。有些自覺才能安慰極度傷痛的人們。」

・真切體會他人的感受，即使我們並沒有與對方相同的經歷。

「身而為人，我們可以透過彼此的心體會相同的感受。」

・看出他人內心的痛苦。

「安慰者應該看得出來對方的痛苦掙扎。我們要明白對方如何堅持下去。我們必須相信對方，以及對方自我療癒的方式。」

艾莉西亞的安慰技巧示範

以下是艾莉西亞如何安慰家人遭到殺害的家庭：

一、我們聚在一起禱告，大聲說出祝福的話語。

「通常進門後第一件事，我會要求大家圍在我身邊，然後我會跟他們一起說些禱詞，參與者包括家庭成員，有時也會有朋友或鄰居加入。可以的話，我會讓其他人說出自己的禱告內容。然後我們牽起手，圍成圓圈，分享回憶與感受。禱告完之後，我們一起聆聽參與者說出他們對亡者的感受。」

二、彼此擁抱。

「如果他們願意，會走向我，給我一個擁抱，緊緊抱住我。孩子們似乎很喜歡這樣做，他們臉上帶著笑容，伸出手來擁抱我。他們可以選擇要不要擁抱我，但多數孩子都願意給我一個大大的擁抱。有些孩子已經很長一段時間沒有跟別人擁抱，特別是家中發生不幸的時候。」

三、幾天或幾週後，再度造訪。

「禱告聚會後幾天或幾個星期，我會再度造訪這家人，帶著其他來自破碎家庭的年輕成員一道前來，這麼做很有幫助。當我帶著同樣失去至親的年輕人前來探訪，他們很能體會其他失親家庭所面臨的打擊。在我跟大人商量事情時，孩子們可以彼此交談，這一點眞的很有用。」

四、花點時間分享故事與回憶。

「當我帶著年輕的志工造訪失親家庭時，訴說往事、分享回憶，是很重要的一件事。多數時候我們會說些有趣的事，大笑一場。有時候幽默感能讓彼此更貼近，也能夠帶出其他各種感受。」

艾莉西亞給安慰者的建議

不要這麼做	可以這麼做
掩蓋內心的悲傷。	告訴對方你感到很難過和遺憾。
煩惱自己應該說些什麼。	聆聽對方想說些什麼。
擔心自己與對方沒有共通點。	敞開心房，感受對方的痛苦。
跟對方說：「我知道你經歷的痛苦。」	跟對方說：「很遺憾你得經歷這一切。」
要對方打電話給你。	主動打電話詢問對方的情況。
探訪後沒讓對方知道何時可以再見面。	持續表達關懷之意。

全心陪伴與積極分享

示範者：派翠西亞．艾倫牧師 Patricia Ellen

★緬因州波特蘭的兒童悲傷治療中心分部主任

★緬因州禮拜堂機構女修會院長

★派翠西亞表示，當你全心關注某個人時，你就創造了一個充滿慰藉的環境，一個安適的所在。

重要的安慰特質：陪伴與冷靜

派翠西亞擔任兒童悲傷治療中心分部主任時，所主導的計畫一年下來接觸過的兒童與專業人士多達千人，這項計畫主要在提供教育與危機處理。當一所學校面對死亡危機或是威脅生命的重大疾病時，派翠西亞與治療中心的同仁和受過訓練的志工們，便會前往學校支持與安慰全校師生與家長們。針對諸如：如何讓孩子參與守靈與喪禮、老師如何在課堂上協助傷痛的學生、教職員如何協助家長、如何動員危機處理小組等問題，派翠西亞會提供適當的建議。她與人合著了《家庭旅程：與病痛共生和尋找希望手冊》（*A Family's Journey: A Handbook for Living with Illness and Finding Hope*）。

派翠西亞也擔任緬因州禮拜堂機構女修會院長，這個職銜與兒童悲傷治療中心分部主任的職位有異曲同工之妙。身為女修會院長，她負責監督並指導教堂牧師，訓練他們成為執事牧師。她同時擔任失親者的導師，幫助他們尋找人生的意義與心靈成長。派翠西亞解釋說：「哀悼以及心靈成長的旅程，是我們在跟內心的混亂、懷疑和『靈魂的黑暗面』奮戰的過程，但它們同樣能帶來啓發與智慧。多數牧師都經歷過失去至親的傷痛，而許多安然度過哀悼過程的人，會反過來想要安慰其他失親的人。」

派翠西亞跟我都是早起的人，我們約好七點一塊吃早餐。我戰戰兢兢抓著記事本準備抄寫，她則帶著輕鬆的笑容坐在椅子上，我想她的舉動無非是要我放輕鬆。她的沉靜彷彿具有感染力。身處在週五早晨的速食店裡，人潮陸續湧進來，我一邊啜飲著咖啡，一邊與她閒聊。

她輕鬆地跟我聊起我們兩人對於心靈與諮商的興趣，也提到教學、演講、行政管理與推動理念等各項活動，讓她接到許多邀約。派翠西亞說她通常會工作到晚上九點，我卻絲毫感受不到緊湊的行程帶給她任何壓力，因爲這些都是她熱愛的事。

而當我們討論到近來校園頻傳的死亡案件時，派翠西亞眞心認爲人們應該以最自然的方式表現悲傷與哀悼。悲傷沒有對錯，我們也不應該以教職員、家長與孩子處理校園危機的方式，去評斷他們的對錯。有些老師選擇待在教師休息室裡盯著牆壁發呆，藉此尋求平靜；有些老師則是上網尋找相關的訊息。社工人員或許會擁抱家長，希望給他們一些慰藉；校長則是一個下午要打個五十通電話。有些孩子會寫些哀悼的卡片，有的孩子則是去玩球。對派翠西亞來說，每個人都以自己的方式進行哀悼，而她則是待在校園內，默默站在他們背後，聆聽或幫助他們找到支撐下去的力量，讓事情平復下來。身爲牧師，面對陷入強烈且往往陌生的情緒的人們，派翠西亞提供全然的關注與無條件的愛。

當你全心關注某個人時，你就創造了一個充滿慰藉的環境，一個安適的所在。我稱這是神聖的空間。學生死亡的消息傳開後，我們還是能夠在充滿危機的校園內，建立一個充滿安慰的環境，即便只是在走廊間跟孩子交談與行走，全然陪伴在他們身邊。

身爲安慰者，我們可以在心裡列出一個「待辦」清單，以滿足他人的需求爲主。這個人想要找人談談，那個人想跟你一起坐在樹下聊天。某個孩子或是老師有問題要問你，或需要你聆聽他們的想法，或是陪伴他們坐下來打一通難以啓齒的電話。

儘管派翠西亞是個大忙人，跟她坐在一塊兒聊天卻令人感到很平靜。她渾身散發出一種優雅且讓人信賴的特質，順應事情自然發展，不會強迫以特定方式完成——特別是情感。她提醒我，我們無法透過規畫、夢想、甚或立意良好的行動，迫使我們的感受和想法同步。

我問派翠西亞，像他們中心這樣獨特的角色，如何提供學校慰藉：

要讓整個組織得到慰藉，必須一個一個來。當然，肯定會很花時間，但只要你持續出現在他們面前，默默支持守候，讓那些想找你的人找得到你，最後就會產生漣漪效應。不論家庭或組織，個別成員無法總是能夠自我安慰，家人或事業夥伴可能太忙了，也無法好好陪伴彼此。但是我們可以把更大的社群帶進來，幫助彼此走過混亂與失去的痛苦。

派翠西亞不斷強調陪伴的重要性。「我從友人身上學到關懷陪伴的力量，特別是在我喪子的那段期間。他們只是陪我到戶外散散步，或是給我一個擁抱，或是微笑與聆聽，在那神聖的靜默片刻，我便能感受到他們的眞心。」

派翠西亞認爲安慰者應該具備的特質：

- 全心陪伴。
- 信任與尊重他人的力量與智慧。
- 對他人保持興趣與好奇。
- 在不知道答案的情況下願意用心去聆聽。
- 明白面對失去沒有單一或是正確的處理方式。

派翠西亞撫慰孩童的技巧示範

派翠西亞與她的同僚在學校進行的許多安慰活動，同樣適用於安慰孩童。以下是她提供的重要建議。

一、讓孩子們從事一些簡單的手作活動。

根據派翠西亞的說法，對孩童與青少年來說，在面對與處理陌生且強烈的感受時，做一些簡單又具體的活動可以讓他們平靜下來。這時候大人不妨用放鬆與自在的方式，與孩子展開對話。

派翠西亞說：「當我（還有其他同仁或是訓練有素的義工）在協助學校處理危機時，通常會先布置一個有各式勞作工具的教室。我會靜靜坐在一旁做勞作，吸引孩子主動加入。稍後再輕聲問他們在做些什麼，建立對話。如果他們願意跟我說，我會先評估他們那天的狀況如何。如果他們不想要談論失去好友或其他憂心的事，我會讓他們知道，假如他們需要更多時間也沒關係。我提供這群失去親人、同伴或是有其他問題的孩子，一個分享內心想法與感受的機會。分享感受對悲傷的孩子或大人而言並非必要。我不會強迫孩子說出內心的感受或擔憂，我也會提醒他們，人們有權選擇將感受留在自己心裡，如果他們覺得這麼做比較好的話。身為成年人，我們必須尊重孩子的隱私，讓他們在他們認為適當的時刻，以他們自己的話語表達內心的感受。」

以下是幫助孩子面對緊張與不安情緒時，可以做的各式簡易勞作：

- 寫字、描圖、繪畫，或是製作一張安慰卡片，送給遭遇不幸的同學（也可以是喪子的父母）。
- 在塗鴉本上著色或蓋印章，黏貼照片並寫下感言。
- 利用串珠製作項鍊或手環當作禮物。
- 繪製海報或旗幟表達關切之意。
- 利用雜誌內頁的文字與圖片剪貼成一幅作品。
- 利用信件、卡片、禮物或是紀念品裝飾籃子或紙盒。

二、提供一對一或小團體時間。

派翠西亞認為，提供孩子一段安靜與隱蔽的相處時間，讓他們可以私底下表達內心的想法與感受，將會有所幫助。例如一對一唸故事給孩子聽，或是一塊兒到戶外去散散步。孩子與青少年往往要感覺得到足夠的隱私，遠離其他同儕或手足，才會願意說出困擾他們的事。持續提供分享的機會，讓這種分享變成慣例。悲傷者在處理困惑與不安的情緒時，正需要這種溫柔的接納與關懷。

三、盡可能保持平日的正常作息。

維持作息正常對任何年齡的人來說都能夠帶來慰藉，特別是小孩子。不論是每天早上餵金魚、週末去看場演出，或是在晚餐過後換上舒適的拖鞋，例行活動可以幫助我們回歸正常生活。更重要的是，正常作息有助於我們在面對悲傷或改變時，感覺到自己並未脫離一般生活。

四、告訴他們實話與陪伴。

孩子們想知道發生什麼事，他們希望大人可以解答他們的疑惑。另外，多陪他們一起玩，積極參與他們想要分享的事物。孩子們經常藉由遊戲表達他們在意的事情。年幼的孩子藉由跟洋娃娃、玩偶、故事書、填充動物的對話，或是畫畫和玩遊戲時的自言自語，說出內心的感受，理解眼前的狀況。

要幫助孩子面對悲傷的情緒，以下是派翠西亞提供給家長或照護者的建議：

- 跟孩子一起鑽進一條別具意義的毯子裡，一起說話、看書或是看電視。

- 固定的家庭時間。
- 分享食物和說故事。
- 唸床邊故事，一起禱告。
- 做出關懷的小動作，小事情也可以帶來感動。
- 一起到戶外看星空，或者乾脆在地上鋪條毯子，躺在上面望著夜空。
- 舉行悼念儀式，例如點上燭光或是在餐桌上分享回憶。
- 創造一個神聖的空間，例如花園的一角、擺放紀念品的架子，或是掛滿紀念照片的牆面。

派翠西亞給安慰者的建議

不要這麼做	可以這麼做
試著替對方解決「問題」。	專注聆聽，容許靜默。保持好奇。
認為自己知道什麼對對方有幫助。	讓對方表達內心的需求——安靜聆聽、提供協助、轉換心情。
告訴對方你「明白他的感受」，因為你也經歷過。	將注意力放在對方身上，暫時拋開自己的想法。

催促對方說出內心的感受，並加以評斷。

讓對方自在表達內心的感受、大哭一場、大發雷霆，或者把困惑說出來。

對話的神奇功效

示範者：霍爾・沃夫牧師 Hal Wallof

★退休長老教派牧師

★霍爾表示，他深信這個充滿挫折、病痛與死亡的世界，是試煉靈魂的最佳場所。

重要的安慰特質：慷慨與溫暖

從擔任了二十二年的東維吉尼亞州長老教派牧師一職退休以後，霍爾・沃夫便一直是他自己口中所謂的「自由工作者」。但他比多數我所知的全職工作者還要忙碌，不是在爲追尋心靈成長的神學院學生上課、替結仇的鄰人當和事佬、開導遭遇挫折的同事或是熱情不再的教會成員，要不就是忙著到流動供膳車擔任志工，或是到當地的特教班委員會開會。他同時也從事啓靈派的繪畫，畫作通常以天使爲主題，作品曾在里奇蒙藝廊展出，畫風充滿卡爾・榮格（Carl Jung）的夢境風格。

十五年來，霍爾跟我的談話有過咖啡、熱巧克力、紅酒、玉米片和壽司相伴，他總是親切得像個朋友、長輩、同事、和平戰士。他帶給人溫暖的感覺，自然不做作，很好相處，我跟他總是無話不談，有些事情除了他，我只對我的貓說過。每每跟他聊過以後，不論問題是否解決，我總是心滿意足地離開。和霍爾在一起讓我深深體會到，最好的安慰者通常是以朋友的角色出現。的確，霍爾說：「我不喜歡稱自己是導師、精神指引或是諮商師，即使我受過相關訓練。我比較喜歡被當成朋友。身爲朋友，我試著喚醒深埋在每個人心中那顆安慰的種子。我相信每個人都是神聖的，我們需要的一切都在我們之內。神聖的內在包括安慰的種子，當我們透過一個擁抱、對話，甚至沉默，或許只是喝杯咖啡、吃頓午餐，或是造訪一個平靜的所在，我們就能進入這個神聖的內在。」

霍爾溫暖、慈悲與慷慨的特質，爲他建立起和會眾之間的互信與體諒。剛當上牧師時，他便以友善和眞誠的態度鼓勵並指引教會信眾，但當時幾個德高望重的長者因爲他跟會眾互動良好而覺得備感威脅，因此對他的傳教方式很不滿。霍爾說：「這些人等不及看我犯錯，就直接找我麻煩。他們威脅我，我不知道要怎麼處理這一切。身爲牧師，我完全沒有面對這類挑戰的心理準備，當時我認爲牧師只要善盡慈愛就好。後來，在再怎麼表現友好也解決不了問題的情況下，我覺得自己應該像個戰士一樣保護自己。我費了一番工夫平衡牧師與戰士這兩個角色，這樣的內在衝突持續多年。」

我問霍爾他最後如何解決內在的衝突。他回答說：「一開始我想到的解決方式，就是面對對手時隱藏或壓抑慈愛的特質。一個大男人在家中會充滿愛心地安撫自己的孩子，但是在職場或公開場合，他常常必須隱藏這一面。可是這種隱藏本性的策略，長期下來不太管用。最後我轉向武術，特別是功夫。我學習如何站穩腳步，集能量（氣）於一身，後來還取得靈氣療法的證書。兩年的密集訓練改變了我的人生，我說服自己慈愛與戰鬥可以並存。現在我可以柔軟到足以安慰他人，同時也自信得足以贏得他人的敬重。」

霍爾渾身充滿能量。「當我和某人的衝突加深，我的內心就要愈平靜。」他告訴我一段轉移衝突能量的故事：

我有個充滿智慧的鄰居替一群針對某個問題意見不合的人召開協調會。由於雙方時有爭執，場面變得火爆。他一時間不知道該怎麼讓場面冷靜下來，只能嘆口氣，無助地望著窗外。突然間，穿透樹叢的陽光給了他靈感，於是他提議所有人到戶外享用午餐——來場野餐會。這個點子奏效了，所有人起身離開悶熱的室內，坐在草坪上吃著三明治。原本緊張的氣氛突然出現轉變，大夥開始談天說地，開起玩笑。之後，他們又回到那個「令人尷尬的主題」，找到解決的方案。

我從這個經驗學到要觀察當下，不要受限於想要解決問題的思維。我們面對的挑戰經常超越我們的所知所能。對周遭一切保持覺察，抓住微小契機，就會發現許多非言語的線索和徵兆，指引我們該怎麼做。

幾年前歷經心臟動脈繞道手術之後，霍爾找到讓自己的生活更加平衡的方式。他告訴我，基本上他稱得上是個快樂的男人。他很喜歡生活中的簡單快樂：「沒有什麼比一早端杯咖啡到妻子面前，或從她手中接過咖啡，或是清晨在林間散步，更幸福的事了。」最近我問霍爾爲什麼覺得如此滿足，他笑著回答我說：「我已經年紀一大把了，不需要再向別人證明自己。我退休了，這的確幫助不少，這些日子以來，我能夠跟別人坐下來聊聊，不用急著要做什麼。」

於是我明白了，眞正的安慰並不是要去證明什麼，不論是對自己或對他人。安慰跟能力一點關係都沒有。當我們眞心關懷某個人，安慰之情便自然而然流露出來，這比想要證明任何事都來得重要。

霍爾認爲安慰者應該具備的特質：

- 願意擁抱或接受我們內心的光明和陰暗面。
- 能夠以同理心對待他人，不論對方跟自己有多麼不同。
- 發自內心幫助他人，不求回報。
- 經歷了各種痛苦或失去而能夠從中學到同理心與憐憫。

霍爾的安慰技巧示範

以下是霍爾認爲展開安慰的對話的最佳方式：

一、尋找合適的地點與氣氛。

重點在於，選擇的地點必須讓對方感到舒適。地點對於彼此互動的影響很大，對於開展話題來說也很重要。挑選一處安靜的地方，不會受到干擾或是讓人分散注意力。如果地點選在室內，一張小桌子，一杯熱飲和點心，都有助於提供慰藉。如果地點在室外，尋找隱蔽處，不論是角落、樹下或長凳上。

二、以輕鬆自在的方式開啓話題。

不用太刻意，可以先聊些「毋須思考」的話題，像是天氣、運動、電視節目、美食、交通、孩子或是寵物，以及其他吸引對方的話題，諸如飾品、有趣的人事物等等。這麼做有點像是閒聊，多數人需要一點時間適應見面的場合，再討論「正事」。如果對方不太說話，請跟隨對方的步調，容許片刻的靜默。

三、不要直接問對方：「你好嗎？」

讓對方知道你很關心他的情況，想要知道他們過得如何。你也許可以問：「這個星期你過得好嗎？」或是：「你今天過得如何？」「上個星期的檢驗結果如何？」指出一段限定的時間，對方會比較好回答。對於沮喪或悲傷的人來說，簡單且可測的問答會讓他們好過一些。

四、避免探問或是提出「為什麼」的問題。

人們不喜歡被追問，特別是當他們陷入低潮時。他們愈是感到自在，就愈是願意多說一些。就安慰的藝術而言，提出問題是要邀請對方加入對話，而不是質問。

五、從事具有療效的安慰行動。

- 戶外野餐，或是到公園走走，坐在樹下吃個三明治。
- 在餐桌上閒話家常，不論電影、電視和新聞話題都可以聊聊。
- 彼此分享一些詩句或是書上的片段。
- 分享漫畫跟玩笑話，將剪下來的漫畫貼在冰箱上。
- 一塊跟寵物玩耍。
- 爲對方下廚作頓飯，做些他們愛吃的食物，即便可能不夠健康……偶爾需要一些些放縱，好讓我們覺得好過一點。

霍爾給安慰者的建議

不要這麼做	可以這麼做
替對方把沒說完的話接下去。	仔細聽完對方的想法。
以「是非題」詢問對方。（你今天是不是拿到檢驗報告？）	提出開放性的問題（這星期的檢驗結果如何？）這麼做可以創造更多話題。可以用「某件事情進行得如何？」做對話的開場白。

不斷問對方「為什麼」，問了太多的問題。	讓對方盡可能自在地分享個人的經驗，不要刺探對方。
告訴對方說這些事情他們已經說過了（即使他們真的如此）。	通常承受壓力或焦慮的人，會重複自問自答。不要打斷對方，溫柔聆聽，讓他能夠釐清自己的思緒。
接手機。看著其他人。或是做其他事情。	不要心不在焉。如果有事要處理，可以委婉打斷對方，簡短說明原因。
完全沉默也沒有任何回應。	讓對方知道你有在聽。跟上他們的話題。
如果對方提高音量，你也跟著提高。	保持音調平靜。
讓對話留下沒有完結的感覺，也沒有計畫下次的見面時間。	提出後續見面的時間，稍後再次詢問確認。

第三章

當對方抗拒我們的安慰

爲何人們拒絕安慰?

當傷痛緊緊抓住我們，如果能夠柔軟一些、敞開心房一些、多接納一些，心就會感到安慰一些。但知易行難。即使有人願意花時間陪伴我們，充滿耐心、關心、善意，且願意仔細傾聽，我們可能還是會退縮不前。悲傷的人之所以拒絕別人的安慰，或許是覺得要碰觸傷痛太過冒險了。想想在你經歷難關與低潮時，是否曾經有人試著向你伸出援手?當時你是否太害怕、困惑、憤怒、傲慢，或者你已經被情緒壓垮，根本無法接受這樣的好意?接受別人的安慰需要先跨過自己內心的障礙，因此當我們試著給予別人安慰時，請以耐心和同理心相待。

我自身的經驗告訴我，接受別人的安慰會讓人感到很不自在，特別是在我們渴望安慰的時候。常常當我們內心愈是渴望，我們就愈是隱藏這種需求，以至於當別人不帶批判、毫無保留地付出時，我們反而會感到害怕和懷疑。提供安慰的人要克服這種抗拒，其難度就相當於接受安慰的人要努力打開心防。當安慰的舉動被忽略、懷疑或拒絕時，可能會讓安慰者覺得焦慮、自我懷疑、又氣又怒。我們做錯了什麼？我們不禁擔心是不是自己哪裡出了問題。

想要提供安慰的心意被拒絕，尤其是被我們珍愛的人拒絕，是件令人痛苦的事。然而，對陷入沮喪情緒的人來說，最親近的人往往是他們最不想要求取安慰的對象，因爲壓力和利益牽扯太大了。有時候向不那麼親近的人訴苦，好比新認識的朋友、醫護人員、同事、美髮師、同學、教友或鄰居，感覺安全且容易一些。需要安慰的人傾向找那些不會讓他們有罪惡感和負擔的人，或是面臨相同困境的支持團體，或是跟哥兒們一起放鬆一下。於此同時，試著要給予安慰的家人或親密夥伴可能會感到忌妒或被排拒在外。

在我發起的關懷者支持團體裡，我聽過許多這樣的故事。一名婦女對於自己罹患血癌的丈夫只願意向他的醫生透露心事感到忿忿不平，她抱怨說：「我的一番好意難道被狗吃了嗎？」在這種情況下，伴侶、手足和成年孩子特別容易覺得被忽視、不被感激，因爲他們認爲自己應該是最主要的安慰者。但是就安慰的精神來說，我們必須放棄我們所認定的角色。我們應該接受所愛的人對我們的抗拒，尊重他們想要以自己的方式去面對與熬過這一切。一旦我們能夠做到如此，相對便增長了他們在這段困難旅程中所需要的勇氣、希望和尊嚴。

安慰可以不只是安慰

身爲悲傷者的親密夥伴或家人，就算無法作爲一個安慰者的角色，給予對方即時的慰藉，我們還是可以拋下自己的感受，提供其他有用的資源。我們依然可以成爲重要的支持者，不給對方壓力便相對地減少了對方的壓力。當我們「退開」一點，才能眞正爲他們帶來自由、完整和隱私。

根據牛津字典的定義，支持（support）意謂著承擔重量。站在支持與協助者的立場，我們可以幫助陷入悲傷的人承擔他們身上的重量，我們可以營造一個安慰的環境，提供相關活動與資源。

作爲一個支持者，有時候要退到幕後才行。提供支持的方式有千百種，例如舉辦有趣的活動、協調服務、協助處理家務、加強舒適的環境。

舉例來說，我朋友莫娜在我離婚之初陷入低潮的那段時期，便化身為支持者的角色。在我願意敞開心房向她坦承內心的想法以前，她一直跟隨我的腳步，支持我想要從事的任何活動，或是各種令我自己感到安心的消遣。有時候她會溫柔提供我表達內心感受的機會，卻也坦然接受我的拒絕。

要成為一個支持者，必須接納所有能夠為悲傷者帶來安慰的人事物。也許是一個特別的夥伴、志工、樂意幫忙遛狗的親友、紙牌遊戲、園藝活動、看場電影或腳底按摩。

即便對方不願意接受我們的安慰，我們依然可以陪伴對方做他有興趣做的事，幫助對方尋得慰藉。安慰的藝術並非一成不變，角色可以交替。不要執著於自己的角色或自以為是，帶著開放的心胸，在不預設立場的情況下，參與當下。

安慰者	支持者
給予擁抱和關愛。	給對方空間，尊重對方需要的距離。
傾聽對方發自內心的故事。	仔細觀察可以提供幫助的線索。
保持信心與正面力量。	保持正常作息。
提供一對一的時間。	提供協助。

站在安慰的最前線。	站在安慰的後台。
知道整個故事，不論是診斷或是檢查結果等細節。	訊息較少，無法總是了解對方的狀況。

如何面對同事拒絕我們的安慰

職場上的安慰是很重要的一件事，但必須小心處理，掌握其中分寸。對於不是很熟悉的人，我們不了解對方是如何處理他們的悲傷與壓力。在我身處的專業領域中，生涯和名譽必須小心維護，因此我們對於安慰同儕或其他專業夥伴更是小心翼翼。

近來幾個工作夥伴或是我的案主相繼失去親人。我參加了喪禮、寫了慰問卡片、送了花和巧克力還有小禮物、給他們擁抱，甚至跟他們一起分享追思會上許多感人的故事。然而，做了這麼多看似合情合理的舉動，並遵循書上的弔唁禮節，我必須坦白說，我實在不知道自己這些舉動是否真的被對方所接受。當我們安慰的對象並非我們所熟悉的人，如何提供安慰更是令人困擾。

同樣的，我有許多朋友、同事以及其他支持團體的學員們，也都感嘆想要「確實知道」自己的安慰是否眞的對對方有幫助，實在很困難。有時候，很不幸的，我們可能會踩到別人的痛處，遭到對方拒絕。支持團體的一名學員分享了她在同事休完一個月的喪假返回工作崗位時，給對方一個擁抱卻換來難堪的窘境。

珊卓拉在我眼裡是個樂於跟他人擁抱的人，多年來我看見她跟許多同事彼此擁抱。那天她接到妹妹車禍喪生的電話時，我正好在場，我看見她匆忙離開辦公室。一個月後，當她返回辦公室時，我給了她一個大大的擁抱，歡迎她回來上班。但她完全無動於衷，沒有舉起雙臂回應我的擁抱。我當下滿臉通紅，難堪極了，趕緊離開。我幾乎不敢瞧她的眼睛，她也避免跟我眼神接觸。她的反應讓我十分震驚，我不禁衝進停車場的車子裡大哭一場。我仔細想了想，突然覺得這一切荒謬可笑。我花了點時間才鎮定下來，返回辦公室。我尊重她想要保有自己的隱私，卻又感到自己很無助。

相同的情形也困擾著我們許多人。我們試著要安慰別人，卻搞錯了方向，或是在同事面前說出了不恰當的話。事實上，當別人拒絕我們的安慰時，我們會責怪自己做錯了事。然而，我們應該提醒自己爲此感到鼓舞，因爲那些試著安慰別人卻遭到拒絕的難堪經歷，有時反而是突破的契機，會讓關係更加緊密。就安慰的藝術而言，我們必須允許安慰的過程中出現各種意外以及隱藏的祝福。

回到珊卓拉的故事。幸運的是，幾個星期過後，珊卓拉提起勇氣給難堪的同事一張溫馨的卡片，感謝她在她沮喪難過時，給了她一個擁抱。就我所知，現在這兩位同事仍然待在同一個辦公室，也因爲那次的經驗讓彼此更加親近。

根據我擔任輔導諮商師、人力資源專員、支持團體的參與者以及個人親身的經驗，我歸結出幾個建議給那些被工作夥伴拒絕的安慰者。

一、接納並允許陷入沮喪的人以他們自己的方式做出回應，即使對方並不接受你的安慰。

遭逢失去或生活遽變的同事在返回工作崗位之後，他們會更在意專業上的表現，尤其是當他們必須扛起工作責任，迎頭趕上落後的進度。（坦白說：他們可能會害怕離開工作一段時間後，因爲表現不佳而飯碗不保。）另外，歷經強烈的情緒波動後，他們現在可能有些麻木且疲於奔命，還無法確實表達內心的感受。對他們來說，回應他人的慰問、表現感謝之意或是參與對話，仍然有些困難。我們應該謹記，他們可能還無法回到先前的「正常」狀態，悲傷的人經常在回憶中掙扎，缺乏專注力、活力、幹勁與自信。

我們應該停下來回想自己在面對人生的困境時，同事或同學所給予的接納與支持。這將有助於我們面對遭遇艱困時期的同僚。同事或同學做了什麼讓你感到安慰？藉由回想，可以幫助我們接納同事的悲痛與沮喪情緒，給予支持與安慰。

二、即使你的安慰遭到拒絕或忽視，別把它當成結果或僵局。

保持溝通管道暢通，也保持耐心，不預設立場，偶爾做出一些貼心的小舉動，讓對方知道你還是關心他。或者在幾個月之後，寄一張思念的卡片給對方，但記得，對這樣貼心的舉動不要抱持著對方必須有所回應的期待。

三、安慰的舉動遭到拒絕或忽視時，不要怪罪自己。

退後一步，觀察對方的需求，試著從經驗中學習，儘可能不要對自己太過苛責。

四、同理悲傷的情緒，多去了解對方面對的問題。

對於悲傷的過程、創傷或是疾病的了解愈多，就愈能夠從更開闊的角度檢視爲什麼安慰會遭遇到拒絕，並展現出同情與體諒他人的心態。

五、參與安慰的團隊活動。

你可以加入其他同樣伸出援手、試著幫助同事度過難關的活動，例如跟大夥一起寫張慰問卡片，把你親手烘焙的蛋糕放進禮物籃，或是在同事準備的剪貼本上放上一張照片。而有時候團隊提供的慰藉就在於一塊吃頓午餐或是喝杯咖啡。

六、若雙方的友誼未見改善，可以找人分享內心的失望、焦慮或無力感。

有些工作地點會提供由人力資源部組織的「在職輔導諮商計畫」（employment assistance counselors and programs, EAPs）。

七、多了解職場上能夠提供給員工的支援，多接觸在這方面有經驗且成效顯著的單位。

以下是許多公司採用的安慰行動與策略：

- 准許員工告假參加喪禮或追思會。
- 以團體或是個人名義致送慰問卡跟花籃。

- 提供食物或關懷慰問。
- 提供貼心的小禮物或募款。
- 提供員工彈性上班時間或調整工作量。
- 協助通勤交通或其他安排。
- 以公司主管名義致電慰問（前提是經過他們的同意許可）。
- 提供喪假讓傷痛者與家人多相處。
- 提供發聲的機會，讓員工表達內心的遺憾，發動員工與主管弔唁。
- 提供在職輔導諮商計畫，對失親的員工進行諮商（通常由人力資源負責）。

我們希望安慰同事的舉動能夠儘可能讓對方感受到。然而，歷經痛苦的人往往沒有餘力想到其他人，他們難以體會我們內心同樣是脆弱敏感的。因此，最好的安慰是接納對方的狀況，以同理心給予回應和對待。

第二部

安慰的語言

最佳的安慰方式，
是面對面表達我們的關心，
有效傳遞關懷之意，
帶給對方安心與陪伴。

第四章

具有撫慰效果的話語

對我們許多人而言，提供安慰最困難的地方莫過於與傷心沮喪的人面對面，不管是安靜地坐在一起，或是找個話題聊聊。在這些親密的時刻裡，我們亟欲尋找「適當」的話語，往往卻忘了自己眞正想要說什麼。爲什麼說話這種最基本的安慰方式會這麼難呢？

冷酷的世界裡更需要溫柔相待

在這個步調快速的世界裡，我們很難緩下腳步，只爲了「陪伴」某個需要我們的人。我們已經習慣了各種即時新聞或是在網路上流傳的消息，我們的注意力被各種訊息給分散，甚且看不到就在我們身邊的人。這些快速的溝通傳播方式，降低了我們的耐心以及傾聽的意願，偏偏那些悲傷而需要安慰的人，通常無法快速「進入重點」，正是需要我們的耐心和傾聽的時候。耐心這項安慰的重要特質不斷被人們遺忘。然而，此刻我們最需要的就是耐心。

我們很難從媒體上找到安慰對話的範本，電視機和收音機裡看不見也聽不到太多能夠帶給人們安慰的話語。眞正的安慰者通常不會上節目說教，也不會出現在所謂與專家面對面的新聞節目裡，指著參與者或來賓的鼻子，告訴他們如何克服問題。很多所謂的專家聲稱要解決我們的痛苦，但是從他們閃爍的目光裡，我們可以看見他們對於我們的問題感到不屑，不論是卡債、失業或失眠。倘若我們眞心想要學習療傷的對話，首先就要拋開所有雜音，聆聽自己的心。當我們要給予身旁的人慰藉時，我們應該要也確實可以緩下腳步。這個世界絕對不會因爲我們停下來多說了一些安慰的話語而停止運轉。

安慰的語言：說什麼，不要說什麼

如同先前提到的，當我們面對需要我們的愛和支持的人，我們常常會忘記自己眞正想要表達的是什麼。因此，最好在會面之前，先坐下來釐清你想要溝通的重點和傳達的訊息。以下幾個例子供參考：

- 我就在你身邊，你可以找得到我，我很關心你。
- 我願意聽你說，我想要了解你的想法，我會陪著你。
- 我對於你告訴我的事很有興趣，我很願意聽你分享更多你經歷過的事。
- 我可以感受到你的悲傷或挫折，即使我自己沒有那樣的遭遇。
- 我願意敞開心房接納，不會妄加評斷。我是值得你信任的人。
- 我可以提供特定的協助與支持。
- 在這次的會面之後，我希望與你保持連繫。

這些內容或類似的話語，都傳達出我們眞心想要陪伴對方度過傷痛，和我們在緊張或不安時隨口而出的話很不一樣。當我們不確定該說什麼的時候，常常會言不由衷地說些空洞的話語，而非發自內心的眞誠慰問。

避免陳腔濫調！話語可能會拉開彼此的距離，尤其是當我們表現得好像我們知道「什麼對對方最好」。剛經歷創傷或失去的人，並不想聽到或接受那些出自好意的指導或批評。只要聆聽並眞誠回應對方的話，就是最大的安慰。

回想一下你聽過的安慰話語。什麼樣的話語會讓你覺得麻木無感或受到侵犯？記下這些話，避免自己也這麼說。過去十六年來，我組織過許多失親者、創傷者或重病患者的支持團體，不少學員分享了別人說過什麼想要安慰他們，其中很多話語最後卻造成「反效果」。不意外的，這些話多半是我們常聽見的陳腔濫調。以下列出一些老掉牙的鼓勵慰問，以及一些確實有益的話。

「希望對方堅強下去」的安慰話語

幫助不大的說法	較有幫助的說法
這是上帝在測試你。	聽起來真的很困難。
那些沒有擊倒你的，會讓你變得更堅強。	一切都順利嗎？需要我陪你去嗎？
你必須像你母親一樣堅強。	我很高興你今天願意出來。
你必須為了你的母親堅強起來。（或是為了你的孩子、家人、工作夥伴）	我就在這裡，假如你想聊聊的話。
堅強一點，你會熬過去。	我實在無法想像你是怎麼做到的。

「要對方保持樂觀」的安慰話語

幫助不大的說法	較有幫助的說法
一定會有好結果的。	實在很難預測接下來會怎麼樣。
事情正往好的方向發展。	我很遺憾發生這樣的事。
你很幸運，你父親走得很安詳。	聽到你父親的消息我感到很難過。
你要感謝上帝，這還不是最糟的狀況。	你必須處理這麼多事情。
你不應該這麼氣憤。	實在不公平，是吧？
為了你的健康著想，要保持積極樂觀。	經歷這一切，我很高興還能看見你的笑容。
不會有事的。	我相信你。

訴諸「信念」的安慰話語

幫助不大的說法	較有幫助的說法
你要保持信念。	我每天都會想到你。
這是上帝的計畫。	是什麼力量幫助你撐過去的？

這是神的旨意。	我希望事情很快就會讓你好過一些。
上帝自有其安排。	如果你需要的話，我可以幫忙。
一切都是命運。	聽起來這幾天對你來說很難熬。
你必須多禱告。	我會為你禱告的。

訴諸「靈性」的安慰話語

幫助不大的說法	較有幫助的說法
你的病是負面信念所導致的結果。	知道診斷結果以後，你一定很震驚。
悲喜是天注定的。	你需要休息，做點改變。
這是因果報應。	這簡直糟透了，不是嗎？
恐懼使你的脈輪（chakras）失去平衡。	面對這樣的壓力，你的身體覺得如何？
答案就在你心裡。	我希望你能夠尋得片刻的平靜。

「鼓勵向前看」的安慰話語

幫助不大的說法	較有幫助的說法
是時候將這些拋到腦後。	我知道這需要時間。
你必須保持忙碌，重回工作崗位。	我相信你知道什麼時候返回工作崗位最好。
還有大好人生在前面等著你。	給自己一些時間面對這一切。
想想明年的這個時候你在做什麼？	為了你自己，慢慢來，不用急。

「表達明白對方感受」的安慰話語

幫助不大的說法	較有幫助的說法
我明白你內心的感受。	我可以想像這件事一定很難熬。
我知道那是什麼感覺。	你介意告訴我那是什麼感受嗎？
我也經歷過這樣的痛苦。	如果你願意的話，可以多說一些。

訴諸「比較」的安慰話語

幫助不大的說法	較有幫助的說法
想想卡崔納颶風的倖存者所經歷的遭遇。	你承受的已經夠多了。
跟老一輩的人相比，你應該覺得自己很幸運。	我很遺憾你得經歷這一切。
你的問題不會比我罹癌的兒子更慘。	我很難過你發生這樣的事。

訴諸「我們都經歷過」的安慰話語

幫助不大的說法	較有幫助的說法
我們都曾面臨這樣的考驗。	這當然不是你應得的。
你不是唯一經歷過這些難關的人。	你不用獨自面對這些事情。
這是生活的一部分，也是生命的一部分。	沒有人應該經歷這一切。
天底下什麼樣的鳥事都會發生。	這實在糟糕透了！

「未來會更好」的安慰話語

幫助不大的說法	較有幫助的說法
你還有機會再婚。	身為你的朋友，我會在你身邊支持你。
你可以領養孩子。	你已經盡力了……我很遺憾。
你可以再生一個孩子。	經歷這件事之後，我知道一切都不一樣了。
你可以再養隻新寵物。	少了你的狗狗陪伴肯定很難受。
天涯何處無芳草。	我相信你的未來充滿希望。

「需要的時候可以打電話給我」的安慰話語

幫助不大的說法	較有幫助的說法
有什麼需要我幫忙的可以告訴我。	星期六我可以替你帶點日用品過來。
你準備好以後，給我個電話。	星期一晚上我會打電話跟你聯絡。
如果你想要認識新朋友，我有一群跳舞的同好可以介紹給你。	下個月的二十號，你願意跟我一起參加舞蹈社團嗎？

「提醒對方」的安慰話語

幫助不大的說法	較有幫助的說法
這件事你已經說了三遍了。	聽起來這件事對你來說很重要。
不要再重複這件事了。	這件事好像很難理解。
你說過了，我已經明白了。	我聽到你說的話了。

「建議對方必須怎麼做」的安慰話語

幫助不大的說法	較有幫助的說法
你應該多做點運動。	你想要跟我一塊兒去散個步嗎？
你應該尋求支持團體的幫助。	你有沒有考慮過支持團體？
你應該讀……並試著了解……	你最近在看些什麼書？

「詢問對方」的安慰話語

幫助不大的說法	較有幫助的說法
你為什麼不早點離開？（離開那個爛差事、家暴的伴侶……）	聽起來你經歷了一場如地獄般的考驗。
你妹妹為什麼不早點打電話給你？	很遺憾沒人及時打電話通知你。
發現自己有血栓的問題時，你為什麼不戒菸？	我可以想像要戒掉一些習慣實在很難。
你為什麼覺得是上帝讓你經歷這一切？	你剛才說的事聽起來實在讓人氣憤。

開啓對話

對於正處於痛苦低潮的人來說，要他們分享內心的感受並不容易。有時候只要默默坐在他們身邊陪伴就已經足夠。而有些時候你可能會感覺到他們想要找人談談。以下提供幾個有用的建議，協助你展開一場療傷的對話：

一、話語的邀請：

「我在想……」

「聽起來……」

「那件事現在進行得如何……？」（檢驗結果、面試、約會）

「那件跟……有關的事怎麼了？」

「我可以想像這件事會有多困難……」（不要直接回答說：「我了解。」）

「這些日子以來，是什麼幫助你撐下去？」

「你想要談談這件事嗎？」

一旦開啓對話，讓對方自然而然地說下去，不要強迫對方。以下是安慰者想要繼續話題時，常會犯的一些錯誤。

二、阻礙對話進行的障礙：

- 急著提供建議。
- 急著說話，打破沉默。
- 改變話題。
- 追根究柢，不斷問「爲什麼」。
- 問了太多問題。

- 只問是與否的問題。
- 嘮叨、說教、長篇大論。
- 過度解讀。
- 說了太多你自己的事，或是你有過的「類似」經驗。
- 講得太快太急。
- 音量過大或過高。
- 告訴對方他們不斷重複提到相同的事情。
- 告訴對方不需要跟你解釋你已經知道的事情。
- 說話過於一板一眼、問題導向、過於官腔、自作聰明或是無趣。

藉由檢視對話中常見的障礙，比較用語的差異，我們才可以清楚傳達安慰的訊息。然而，必須牢記的是，基本上人類的溝通有百分之八十是透過非語言的方式——說話的方式跟臉部表情所傳達的言外之意更重要。我們看著他人的方式、凝視對方的目光，以及說話的音調，都能夠表達我們有多在乎對方。以下幾個肢體動作將傳達出你是真心關懷對方。

三、**安慰的非口語表達方式：**

- 與對方保持水平的目光接觸。
- 帶著溫柔的笑容，時而輕輕點頭。
- 表現出感興趣與認眞聽的樣子。
- 放鬆肩膀，雙臂保持舒適與放鬆的姿態。
- 聆聽對方的故事，不要加以打斷。
- 找個舒服的坐姿，專注聆聽，不要斜倚著身體。
- 偶爾身體微微前傾。

爲了表示贊同，有時我們可以呼應對方的動作，例如：假設對方說到不可置信之處搖搖頭，我們也可以跟著搖頭，或是當對方聳肩時，我們也可以聳聳肩作爲回應，而感受到對方的無奈跟痛苦時，我們也可以跟著嘆氣。（如果這些舉動不是發自內心的，模仿反而會弄巧成拙。）

四、**有礙安慰對話進行的肢體動作：**

- 不斷做筆記（有時在診間或許有必要這麼做，但還是盡可能保持眼神接觸）。

- 不時看著牆上的鐘或是手腕上的錶。
- 心不在焉地塗鴉。
- 接聽手機或是傳簡訊。
- 看上去一副心不在焉的模樣，不時抬頭張望。
- 在對方說話時目光望向別處。
- 動作生硬、肩膀僵硬、整個人過於緊繃。
- 雙手交疊胸前。
- 雙手擺在臀部上。
- 戴著太陽眼鏡（若陽光太強，可以移到陰涼處）。
- 坐立不安、身體晃動。

安慰的語言跟其他語言一樣，都需要經過學習。如果我們的話語和動作能夠帶給別人溫暖、同情與尊重，將有助於創造一個安適的所在，讓安慰者與被安慰者都能夠得到療癒和撫慰。

第五章

具有撫慰效果的文字

一段表達慰問的文字需要感性和理性兼具，比起直接用說的方式，有時候文字確實更容易傳達我們的情感。當我們寫信或 email 給遭逢傷痛的人，我們有時間斟酌用字遣詞。對於內向且不善表達的人，文字尤其具有意義。挑張溫馨的卡片，簡單寫上幾個字，卡片上或許還印有溫暖的圖片，當成慰問送給對方，除了撫慰受傷的心，還可以珍藏回憶。

以下列出幾個簡單的步驟，教你如何寫出安慰的短箋、信件，不論是傳統信件或電子形式都適用，也可以用於各種安慰的狀況。

一、首先，讓對方知道你一直惦記著他們。

「自從我知道這個消息以後，我每天都想著你。」

二、第二步，讓對方知道你的感受。

「起初我眞的很震驚，我對於你所失去的眞心感到難過。」

三、詢問對方過得如何。

「我不曉得你過得如何，特別是過去這個星期。」

四、告訴對方你相信他可以處理得很好。

對傷心難過的人來說，倘若有人能夠指出他們此刻正在發揮的力量或長處，不啻替他們打了一劑強心針。身爲朋友、同事或家人，我們可以讓對方知道他們具備何種特質，讓我們深信他們可以克服這一切。（不過要避免輕忽了對方所面臨的痛苦與沮喪。）

你可以說：「想必這是你面臨過最艱困的考驗，但我不禁注意到你竟然能夠一一回覆那些電話，眞的很棒。我眞不知道你是怎麼辦到的。」

五、分享回憶（就弔唁的情況來說）。

如果你認識逝者，你可以分享自己對逝者的回憶，或是說說逝者對你的意義。

藉由分享別具意義的相處記憶，能讓悲傷的家屬感覺到與逝者之間仍然擁有緊密的連結。

你可以說：「凱斯是我見過最善良的人，他曾經替我打電話給他的前雇主，幫我女兒安排合適的醫生。」

六、表達願意與對方持續連繫，並提供具體的時間。

讓對方知道我們之後會以電話、親自拜訪、邀請他參與活動或是電子郵件的方式，跟他們保持連繫。

你可以說：「只要我時間允許，我真的很想要陪伴你，不論任何方式。你願意下個星期跟我一起到喬的餐廳吃飯嗎？」

七、保持關心與問候。

這封信不過是整個安慰的起點。持續寫信，與對方保持連繫幾個月，或許更久。特別留意各種紀念日、節日、生日，傷心難過的人在面對這些特殊的日子時需要更多關心。

我帶領失親者的支持團體長達十六年的時間，根據經驗，通常在前幾個星期他們會陷入沉默。也許是幾個月之後，直到他們收到無數的慰問卡片、花束、禮物、食物以及弔唁之後，這些祝福才能眞正爲他們帶來安慰。他們需要時間一點一滴地遺忘，然後才能繼續走下去。有些哀悼中的人對於人際關係特別敏感，尤其會感覺到自己被排除在外。這也是爲什麼我們必須提供保持連繫的方式，並且持續與他們分享各種感受。

對於慰問文字的幾個提醒

一、避免陳腔濫調。

寫信跟直接說的方式不同，我們有機會可以回頭檢查用字遣詞。重複閱讀和校對，確保沒有前面提的陳腔濫調。我在前一個章節裡，提供了不少可以換句話說的方式，當中許多例子同樣適用於書寫。

二、不要加入個人生活中的樂事。

或許你基於要鼓勵對方「往好處想」的心態，便在信件內加入了自己生活中的「正面」消息。然而，最好把焦點放在你所要安慰的對象，以及他們所經歷的痛苦。你可以寫道：「聽起來你所經歷的事需要花上一段時間來療傷。」

三、不要說你明白對方所經歷的一切。

你也許可以寫說：「如果你願意的話，儘管打電話或寫信給我，因為我是真心想要知道你經歷了什麼。」

四、避免說「我們都經歷過」。

你也許可以寫：「你今年經歷了這麼多事，現在又遭逢這樣的失去，實在令人遺憾。」

五、不要寫一堆「有幫助」的想法或建議。

最好維持一兩張信紙的長度，簡單傳達個人的關懷之意。哀悼或是沮喪的人通常無法專注看完太長的內容。儘管心靈勵志書上不乏安慰人心的智慧語錄，宗教經文也或許可以派得上用場，但是這些內容對於剛經歷傷痛的人來說幫助不大。

分享照片、紀念品與回憶

在信裡附上一張值得珍藏的照片、卡片、圖片或是紀念品等等。一首短詩、幾行最愛的歌詞，或是對方過去曾和你分享過的書都可以，因為兩人之間的共同回憶足以提供慰藉。

以下是信件範本（安慰喪親的朋友），隨信還附上一張照片：

親愛的琳恩，

這些日子以來，我一直惦記著妳。妳過得如何？少了傑米陪伴的日子肯定很難熬。眞希望我們之間相隔的距離沒有這麼遙遠，因為我眞的很想見見妳。我在想，不知道六月十二日的週末午後，我是否可以再撥通電話給妳。

昨天我偶然聽見凱特．史蒂文斯（Cat Stevens）的〈月影〉（Moonshadow），不禁想起傑米很喜歡這首一九七二年的老歌，那一年我倆一塊兒參加了曲棍球營隊。我還記得我們在一個月光皎潔的夜晚，乘坐別克的旅行車離開營隊返家途中，一起哼唱著這首歌。聽完之後，我立刻跑到閣樓翻找這張舊唱片，有個意外的驚喜是，我還找到這張我們在營地的合照！現在我想跟妳分享這張照片，希望妳留著它當作紀念。

我每天夜裡都為妳禱告。

愛妳的安妮塔

附上粉紅色玫瑰：

短箋範本（丈夫寫給妻子，寫於孩子進行心臟手術後的漫長等待與恢復期），

親愛的艾蜜莉，

要用文字表達這幾個鐘頭跟妳一起坐在冰冷醫院裡的感受有些奇怪，但我實在找不到合適的話語來安慰妳。附上這些漂亮的玫瑰，希望讓妳知道有些話在醫院裡難以啓齒，以下是我眞心想跟妳說的話：

妳對茱莉和醫護人員眞的很有耐心，特別是對我。我知道茱莉一定也感受得到妳對她的照顧。

妳深愛著茱莉和所有人，我相信茱莉也感受得到妳對她的愛。

妳總是堅強面對茱莉和周遭的人，特別是我。我相信茱莉也感受得到妳的勇氣。

我從未停止讚嘆妳的美好。
讓我在這個午後，握緊妳的手更久一點，直到茱莉醒過來。

愛妳的丈夫麥特

透過電子郵件或訊息表達安慰

現在許多人透過 email 或簡訊的方式傳達安慰。藉由網路傳達慰藉時，選擇合適的字眼格外重要，因爲對方看不見我們的表情、說話的語調、眼神的接觸、肢體動作，甚至摸不到信紙或是卡片的觸感。另一方面，以 email 或訊息傳遞的關懷，能夠讓我們在第一時間就慰問對方。

另一個好處是，我們可以藉由這樣的方式與對方保持連繫，每天或每個鐘頭都可以傳遞我們的關懷，卻不會打擾對方的隱私，畢竟他們可以選擇是否閱讀我們發送的訊息。利用 email 或簡訊的快速便利，我們可以：

- 與需要安慰的人保持連繫，讓對方知道我們想著他們。
  「我心裡一直記掛著你……」
- 讓對方知道我們在乎他們。

「身為你的朋友，我在想現在你不知道過得如何，不知道有什麼我可以幫上忙的地方。」

- 讓對方知道我們感同身受（同理心）。

「我很難過你接到的噩耗。我今晚在家，如果你願意的話，我可以打給你。」

- 友善追蹤對方的情況，給予支持。

「我再跟你確認一下和你哥哥見面的時間……希望你也能夠到場。」

- 直接安排進一步連繫的時間。

「你要我下個禮拜打電話給你嗎？如果不需要的話也不要緊。只是讓你知道我就在你身邊。」

電子郵件範本（哥哥對於哀悼中的弟弟表達關懷）：

親愛的李，

昨天晚上我突然想到你，想起我們上個月在奧蘭多碰面，不知道後來你過得如何。從你的話語中我聽得出來，過去幾個星期對你來說很煎熬。我眞的很高興你說支持團體對你有所幫助，我想你應該是鼓起了很大的勇氣才加入的。在幾乎不認識誰的情況下，我想你適應得很不錯。我能想像跟一群有著相同經歷的人分享內心的感受，肯定能替你帶來力量。不過我猜想這個過程會很漫長。

上個星期我跟奧蘭多的朋友馬丁談過，他邀請你跟我在一月三十號那天一起聚聚，剛好他的朋友們那天要到鎮上參加第二十屆的高中同學會。

這個週末早上我會打電話問你是否願意參加。

對了，我找到你以前拍攝的老鷹照片，你對鳥類的攝影技巧掌握得很好。

保重，提姆

我們可以表達所要提供的協助與安慰，但不要給對方壓力，期待他們做出回應。我們可以問問對方的情況，同時也讓他們知道，如果他們暫時不想要回答的話也沒關係。舉例來說，你可以說：「雖然我很關心你，但是我明白你還沒準備好回應我的關心。我只是想讓你知道我就在你身邊。不必急，慢慢來。」

如果對方分享了一些私人的資訊，不論是醫療、情感或心靈方面的感受，或者如果他們願意回應我們善意的舉動，不論是打通電話或是面對面交談，請記得向對方表示你的感動與感謝。

以下是電子郵件範例（一個朋友寫給得知子宮頸抹片檢查結果的朋友）：

第一封電子郵件，十月十八日，早上十點五分：

不知道妳做完子宮頸抹片檢查之後身體還好嗎？聽起來還得花上幾天時間才會知道結果。等待實在折磨人啊！我都陪伴著妳。

第二封電子郵件，十月十八日，中午：

如果妳要我打電話給妳，明天晚上七點以後都可以。眞想快點跟妳通上電話。聽到妳的聲音總能令我感到安慰。

第三封電子郵件，十月十八日，下午一點十五分：

眞遺憾我們明天不能通電話，我知道妳有很多事要處理。我會在這段期間替妳禱告的。

第四封電子郵件，十月二十二日，晚上六點三十二分：

知道檢查結果了沒？我惦記著妳，爲妳禱告。

第五封電子郵件，十月二十二日，晚上八點二分：

謝謝妳今天晚上回電話給我，醫院方面還得做另外的檢查？看來又必須等待結果，眞是折磨人！如果妳想找人說說話，今天晚上十一點前我都可以。

第六封電子郵件，十月二十四日，傍晚五點十二分（對方得知罹患癌症的不幸消息）：

眞是不幸的消息，我知道妳現在情緒很亂，我眞希望給妳一個大大的擁抱，我與妳同在。

第七封電子郵件，十月二十四日，傍晚六點：

好的，期待今天晚上八點跟妳通電話，太好了。在這樣艱難的時刻裡，我很榮幸成爲妳的朋友。謝謝妳願意跟我連繫。

這位生病的朋友如今依然很願意與這位安慰者通電話。的確，一連串的電子郵件宛如柔性攻勢，卻不帶壓迫感。內容充滿了關愛，卻不期待對方提供任何消息。當我們以關懷的角度連繫和慰問時，目的並不是要求對方提供最新的消息，尤其當對方疲於應付眼前的難關時。

儘管我們對於電子和網路形式的溝通已經習以爲常，但必須記得，文字不過是一種有限的慰藉。最佳的安慰方式，還是面對面表達我們的關心，有效傳遞關懷之意，帶給對方安心與陪伴。傷心難過的人特別需要直接的接觸，或者是一個充滿關愛的擁抱。總之，發送訊息表達我們的安慰之意儘管有所幫助，卻無法取代充滿情感的溫柔接觸，以及其他非口語的安慰方式。畢竟身而爲人，我們才是彼此最佳的陪伴與安慰。

第三部

藝術的撫慰力量

我們都渴望被看見、被聽見，更重要的是被感動。
當我們受到了感動，內在的創造力所做出的回應，
將會令我們感到驚訝！

第六章

藝術作爲提供安慰的一種來源

在安慰的話語之外

我們都聽過這樣的說法：「一圖道千言。」也就是說圖片比文字更能傳達意涵。就安慰的角度而言，我會說任何形式的藝術皆勝過千言萬語。有時候一張美麗的照片、一首輕柔的曲調、一幅令人愉悅的畫作，或是電影中感人的一幕，比起任何安慰的話語更能帶給需要支持的人慰藉。

有天晚上，經歷一整天十二個鐘頭令人筋疲力竭的工作後，我整個人癱在沙發上，觀看實境節目《舞林爭霸》（*So You Think You Can Dance*）。那天的節目裡有對伴侶的舞姿令我動容，背後的故事則是女舞者罹患乳癌卻堅持與摯愛的人勤練舞蹈。我因爲工作之故曾與癌症病患有過多年相處的經驗，最近又剛好遭逢朋友罹癌過世，因此深受那位女舞者的觸動。不單只有我被打動，所有評審和觀眾席上的來賓也都潸然淚下，我想在電視機前面觀看這個節目的全國觀眾一樣深深動容。短短幾分鐘的時間，舞蹈傳達出人類最原始與矛盾的情感，以及面對疾病威脅的愛侶之間那種微妙又充滿愛意的姿態。接下來幾天，情感依然澎湃的我無意間又看到不少文章跟部落格，寫到他們對於節目中的舞伴和編舞有多感動、覺得被撫慰，也爲他們讚嘆，而寫作者多半都是癌症病患或病友家屬。這正是藝術的力量——它可以幫助經歷生命困境的人表達自己的感受，同時與他人分享自我的想法與情緒。

當我們看著某種隱含了人類的痛苦與喜樂的藝術創作，我們會感同身受，覺得自己並不孤獨。舉例來說，一位癌症倖存者告訴我，貝多芬的第九號交響曲帶給他情緒上的震撼，協助他受苦的心靈度過許多難熬的夜晚，貝多芬的靈魂透過音樂的永恆之語陪伴著他。我還認識一位曾參與伊拉克戰爭的退伍軍人，他藉著聆聽嘻哈饒舌歌手蜜西．艾莉特（Missy Elliot）的歌曲〈大家來搞怪〉（Get Your Freak On）度過難熬的物理治療。我也聽過三位陷入沮喪而有自殺傾向的男子，跟我分享電影《刺激一九九五》（*The Shawshank Redemption*）中，主角安迪堅定活下去的意志如何改變了他們的人生。

身為觀賞者所得到的慰藉

二〇〇九年一月的某個寒天裡，我坐在溫暖的家中看著我的收支簿，上面的數字就跟外面的溫度一樣快速下滑。室外的溫度是攝氏零下十八度，而且下著雪，強風呼呼拍打著窗戶，北極圈的冷空氣吹過緬因州的崎嶇山地。客戶們又遲了付款，所以我的帳單也得跟著延後支付，但我有股和這群人同舟共濟的感覺，莫名的安慰感油然而生。這天夜裡，我和瀕臨破產的愛爾蘭、遭資遣的通用汽車員工，以及遠在英國、俄羅斯與新加坡的勞工朋友們，同樣陷入入不敷出的窘境。唉，我只能自我解嘲說，反正錢這玩意兒生不帶來死不帶去的。使用多年的電熱器不斷發出嗡嗡聲，我只願它還夠溫暖這間小公寓，即便我得在套頭毛衣跟牛仔褲外多罩一件羊毛衫。至少這筆暖氣電費我還付得出來。

時值金球獎跟奧斯卡獎的頒獎季節，不論天氣、荷包、心情如何糟糕，我最大的安慰便是看遍所有入圍的電影。儘管身上只剩下二十美金要度過好幾天，電影票價夠我吃上幾頓飯，但電影可是滋養我靈魂的食物。於是我套上靴子，穿上大衣，把自己裹得緊緊的，發動汽車引擎，刮除擋風玻璃上的雪，冒著大風雪前往戲院，希望將自己放逐在紐奧良、印度、德國或舊金山的場景裡。排隊買票的人龍很長，電影院裡座無虛席。

時間回到二〇〇八年秋天，全球經濟跌落谷底，當時對美國人來說，出門看場電影變成最大的消遣與安慰，電影票房數字跟著成長百分之十六。《紐約時報》的大衛・卡爾（David Carr）曾說：「當人們對未來感到恐懼，便喜歡聚在漆黑的房間裡，眼睛盯著螢幕，攜手抵抗幽暗。」

的確，還有什麼能夠驅使人們在嚴寒的夜晚離開溫暖的家，在冰冷的天氣裡縮著身體，排隊買張電影票，然後跟一群陌生人坐在漆黑的電影院裡，觀看螢幕裡的人物如何面對他們各自的苦痛？不論故事是藉由電影、戲劇或歌劇的形式演出，對這群觀眾而言，這些藝術形式能夠燃起他們內心深處某種熟悉的感受。跟著眾人一起笑、一起嘆氣、一起驚訝、一起感動落淚，就許多方面來說，這些情緒反應宛如集體催化劑，將彼此緊緊相連。我們或許不認識那些跟我們一起坐在漆黑電影院裡的人，但是在電影放映的那兩個鐘頭裡，我們暫且放下自己的苦痛，跟著電影裡的角色戰勝逆境。

從屢敗屢戰的角色中尋得認同

那年冬天，我和其他陌生人一起觀看來自印度的電影《貧民百萬富翁》（*Slumdog Millionaire*），它是所有提名影片中最生動且博得觀眾熱烈反應的一部，儘管反應十分兩極。我跟一群帶著好奇的新英格蘭人一塊兒坐在黑壓壓的電影院裡，進行了一趟充滿香料與色彩鮮豔的孟買之旅。過程中眾人笑聲不斷，被劇情吸引得緊張不已，我自己則經歷一場情緒與感官的起伏，隨著一群孩子沿著鐵道、汙水道、垃圾堆，穿梭在往來的火車與各式地道間，登上泰姬瑪哈陵的階梯，進入華麗的飯店和妓女戶，以及望著高聳入雲的摩天大樓聳立在熙來攘往的人群上。我的情緒滿載，幾乎快要喘不過氣，也無法冷靜思考。有些場景讓我不得不移開目光，甚至還有一些觀眾步出電影院。我們這群看完整場電影的人，最後不僅看到發人深省的結局，還看到一場穿梭在列車間的寶來塢華麗歌舞秀。電影結束，觀眾紛紛報以掌聲與歡呼聲，雖然席間也傳來噓聲。眾人帶著震驚、疲憊或滿足的表情魚貫走出大廳。這是一趟緊張卻又顛簸的旅程，但多數努力工作、熱誠的緬因州居民卻能夠認同這個充滿波折的故事——儘管電影中的主角被殘酷地剝奪一切，他對人生卻展現異常的堅定信念。

不論我們生活在何處、向誰禱告、替誰賣命工作，爲挫敗者加油打氣是一件極度撫慰人心的事。一九三○年代正値經濟大蕭條，電影《奔騰年代》（*Seabiscuit*）裡那隻叫做「海餅乾」的賽馬，正是帶給人們安慰的絕佳例子。還有人們在戰時聆聽廣播中播放「靈犬丁丁」（Rin Tin Tin）這隻了不起的戰爭英雄的故事。七○年代晚期則出現《洛基》（*Rocky*），以及之後的《永不妥協》（*Erin Brockovich*）、《衝出逆境》（*Antwone Fisher*）、《舞動人生》（*Billy Elliot*），電影裡堅持信念的主角鼓舞著我們。還有《刺激一九九五》裡的安迪、《鯨騎士》（*Whale Rider*）中的女孩，以及描述強尼．凱斯（Johnny Cash）自傳的電影《爲你鍾情》（*Walk in the Line*）。後來上映了一部很酷的電影《星際爭霸戰》（*Star Trek*），再度以落難的寇克船長爲主角重新拍攝。不論是小說或是眞實故事，皆帶給人們希望，它們告訴我們：「爲生存奮鬥，不然就壯烈犧牲」（《刺激一九九五》）；「歡唱勝利之歌」（《貧民百萬富翁》）；「大膽邁向無人踏過的土地」（《星際爭霸戰》）；「有了朋友的相互扶持，沒人會獨自承受失敗」（《風雲人物》）。

眾人懷抱著希望彼此加油打氣，不論身處漆黑的電影院裡，或是在友人家中的客廳觀看足球賽，還是利用臉書傳遞關懷，藉由沉浸在不同藝術形式營造的氛圍裡，我們相互安慰，敞開心房分享彼此的經驗。這種心靈交流幫助我們度過嚴峻的考驗與恐懼的時刻，幫助我們面對股市崩盤、失去工作與家園、和家人分隔兩地，或是覺得自己就快要失去了勇氣。不論我們遭遇什麼樣的磨難與考驗，藝術總是陪伴在我們身邊，帶給我們希望和連結。

藝術教導我們如何安慰別人

藝術召喚著我們，要我們走出各自的悲傷，體驗別人的生命——彷彿身歷其境一般。根據牛津字典的解釋，身歷其境（vicarious）是指藉由想像去體會別人的感受與行動。藝術帶領著我們經歷他人生命的起伏，並且邀請我們去體會和感受，這對安慰來說是很重要的一件事。精采的故事，不論出現在書本、電影，或是透過藝術家的目光和畫筆所描繪的美麗景緻，皆能教導我們站在別人的立場，體驗他們經歷的挑戰。當我們讓自己受到藝術所感動，我們便學會敞開心房，接受人性的滋養與啟發。

藝術教導我們的另一項安慰技巧，是透過電影中的場景，傳達人與人之間的連結，也許是一個不經意的關懷、仁慈的舉動，或是誠摯的告白。其中一個簡單而貼切的例子，可以從電影《小太陽》（*Little Miss Sunshine*）中看出來。影片中的小女孩奧莉薇走上前安慰正值年少輕狂的哥哥，他逃家後獨自坐在空曠的平原上。小奧莉薇緩緩走向哥哥，靜靜坐在他的身旁，伸出她的手臂搭在哥哥肩上，她靜靜地擁著他，並未試圖說服他回家。不一會兒，她的善良與愛打動了哥哥，也讓他好過許多。

關於安慰的藝術，我最喜歡的一段啓發來自電影《伴妳闖天涯》（*Leaving Nnormal*）。在這部電影中，我們從兩個性格迥異的女子身上，見證了一段大膽無畏的誠摯友誼。當她們各自怒吼著人生對她們有多殘酷時，她倆之間獨特的連結令我十分感動。她們大聲嚷嚷著眾所周知的名言「人生像檸檬」，接著又迅速加以推翻，「如果你得到的不是檸檬，而是一坨大便呢？」她們苦澀地思索著，沒有了檸檬，如何用一坨屎創造人生的契機。然而，正是在這樣的苦澀中，兩人之間頓時起了酸甜的化學反應，將她們緊緊相繫。她們朝這個世界發出的怒吼，事實上融化了她們對於信任的恐懼，將她倆連結在一起。

簡言之，藝術不僅能夠觸動並安慰我們，還教會我們如何帶給別人慰藉，利用音樂、圖像、夢境、反思與故事的共通語言，琢磨我們的安慰技巧，使之更加溫暖且感動人心。

「分享」：藝術的安慰力量

身爲安慰者，總是有用盡安慰的話語、想不出該做什麼樣的活動，或是不知道如何幫助我們關心的人脫離痛苦的時候。遇到這樣的時刻，相較於只是呆坐在一旁，倒不如試著從各式娛樂或是藝術裡，獲得有益的啓發。這裡有幾個方式可以供我們一起分享藝術的慰藉。

一、坐下來一起分享藝術及娛樂消遣。

單單是坐在一起觀賞對方最愛的電視節目、電影，或是與對方一起聆聽一段音樂，都能夠達到安慰的目的。只要我們專心且眞心地沉浸在對方挑選的各式藝術媒介中，就是與對方保持連結的最簡單且有力的方式。我曾聽過一些安慰者描述他們如何跟所愛的人共享生命盡頭的最後時光，他們會坐在床邊與對方一起分享藝術或是一起看 DVD、電視節目或收聽廣播。

其中一個眾所周知的感人眞實故事，是一個十歲的小女孩柯比・寇丁（Colby Curtin），她罹患癌症不久人世，想在生命結束前觀看電影《天外奇蹟》（*Up*）。皮克斯電影製作人及時接到消息，迅速提供電影的 DVD 讓已經無法前往戲院觀看電影的小女孩在病榻上欣賞這部影片。小女孩開心地欣賞影片，臉上帶著笑容，不久安詳辭世。雖然她沒辦法睜開眼睛看電影，只能聽著電影裡的聲音，但是她的家人替她實現了這個心願。小女孩的母親也深受《天外奇蹟》這部電影所感動，慶幸自己能跟女兒分享這最後相處的時光。電影裡的角色拿著氣球飛天的畫面，對她來說就像是柯比也跟著飛上了天堂。

二、錄製幾首對方最愛的歌曲

不少參與支持團體的成員告訴我，他們最大的安慰就是收到親友貼心錄製幾首他們最喜愛的音樂。一位肺癌倖存者儘管病情好轉卻仍經常覺得疲倦難耐，她很喜歡聽兒子替她燒錄的一張音樂光碟，兒子爲她挑選了振奮人心的曲目，「也讓他能夠體會她對抗病魔的艱辛旅程。」

她還說，「當我需要振奮精神時，就會播來聽。對我來說，這是無比的安慰，我十分感動他替我挑選我最愛的歌手跟曲目的貼心舉動。他還記得我最愛的老歌有披頭四、史蒂薇・妮克絲（Stevie Nicks）、蘭迪・紐曼（Randy Newman）。這孩子才二十出頭，竟然知道《尖頭曼》（*The Point*）這張唱片！我眞不敢相信這孩子竟然這麼了解我，彷彿他對我內心深處的靈魂需要什麼樣的音樂作爲慰藉瞭若指掌，每每想到常讓我不由得會心一笑。」

三、一起剪剪貼貼。

近年來剪貼似乎變成一項頗受歡迎的消遣。收集老照片、紀念物、小紀念品（信件）或是其他圖片，將這些素材拼貼成美麗的紙頁，述說一個人的人生故事。我們可以選擇要不要跟對方一起完成，不過成品肯定同樣會是一件讚頌對方這趟人生旅程的最佳禮物。

四、共同閱讀、吟誦詩歌或其他作品。

我的一個同事潘·布朗特（Pam Blunt）是名藝術治療師（稍後我會對她做進一步介紹），她跟我分享她的母親如何度過人生最後一程，這段時光恰好完美呈現了藝術如何將人們緊密相連：

我母親很愛藝術，她晚年將大半精力都投入在這上面。她從詩歌、文學和音樂中獲得慰藉，幫助她面對喪夫的悲慟，以及對抗自身病魔和不久人世的心情。這段時間裡，她經常告訴我詩歌與音樂如何感動她，幫助她更加了解自身的處境。她過世幾天前的晚上，我們聚在病榻前陪伴她，我跟妹妹錄下她講述的家族故事，一起朗誦她最喜愛的詩歌，聆聽莫札特的音樂。那是個溫馨與親密的夜晚，跟這世界上與我最親近的女人共度。她嚥下最後一口氣前，要求我唸莎士比亞的十四行詩（116）：「莫讓我向眞摯心靈的結合，承認阻礙……」希望這首詩帶給她的感動與安慰，如同我內心的感受。

創作帶來的撫慰力量

對安慰者與被安慰者來說，藝術欣賞也包含在藝術創作的整個過程。我們不需要具有藝術創作的天賦或資質，也能夠沉浸在爲我們所愛的人創作或是跟他們一同創作的喜悅裡，進而達到安慰的效果。親手編織衣物、木工、攝影或是居家裝飾，這些行動會自然而然引發我們內在獨特的創造力。

找到表達自我的管道，這件事本身就是一種安慰。淋浴時大聲歌唱（或是怒罵），或是利用巧思替衣櫃創造出一個空間，還是隨筆塗鴉，這些簡單的創造活動都是宣洩情緒的出口。此外，我們的創造力也可以發揮在烘焙麵包、從自家菜園摘來香草自製香草包，或是拍攝池塘上的一群鴨子，這些活動儘管簡單，卻寓意深遠。以下提供幾個方式，利用藝術創作的過程安慰別人，甚或安慰我們自己：

一、專注當下，感到踏實。

不論是縫製枕頭、吹奏長笛、木雕或是戲劇演出，這麼做的同時，我們便進入當下，拋下思緒與自我，我們就是我們所創造的東西。觸摸著手中的布料、吹奏音符、雕刻木頭，或是唸出旁白，這些都需要集中注意力，一步一步來。即使我們被困境給壓垮了，沉浸在這些活動中時，能夠帶領我們進入療癒和踏實的境地，也是進入生命創造力的空間。

二、連結彼此。

當我們與他人分享我們的故事、工藝品、音樂、攝影，或者展現我們的廚藝，對方將沉浸在欣賞的喜悅中，或是滿懷好奇心。我們創作的東西不論有多簡單，都能夠連結彼此。我們可以藉由許多不同的方式達到這樣的目的——餐桌上的佳餚、紙頁、部落格、收音機或是當個好聽眾。即使對方當下不見得能夠「欣賞」，但他們多半能夠感受到這個舉動背後的貼心與努力。

三、跳脫自己的思考框架。

當我們爲他人準備禮物時，所發揮的創造力能讓神奇的事發生，因爲創造力本身便散發著生命力，它會以自己的方式跟我們溝通。我們所完成的藝術作品會轉變成其他東西，挖掘出我們更多的內在。

舉例而言：你替祖母縫製的靠枕擺在她的床邊，竟比放在客廳的沙發上還要好看，而在你來得及反應之前，她可能已經提出希望你替她縫製更多靠枕的要求。她很喜歡這些枕頭，希望每個房間裡都能看到！幾年下來，藉由各種值得紀念的日子和場合，不論是她的生日、聖誕節、結婚紀念日和其他各種節日，縫製枕頭變成一種愛的表達，你的挑戰在於持續不斷地創新設計。你因此跳脫自己的想像框架，變得比你以爲的還要有創造力，接受禮物的人則沉浸在你的創作帶給他們的慰藉中，你們的連結也更加緊密了。

在創造的過程中，藝術本身便能夠發揮它的生命力。我們也是。藝術會跳脫自身的界線，要求我們發揮更多的想像力。當我們花費心思完成一件能夠替我們所愛的人帶來安慰的藝術作品時，我們的思維便已經跳脫框架，跳脫我們加諸自己身上的限制跟恐懼，進入一個嶄新的領域。

四、藝術教導我們同理心、尊重與安慰的技巧。

在我從事諮商師之前，約莫在一九八〇到一九九〇年間，我曾教導孩童跟青少年戲劇與舞蹈長達十五年之久。透過音樂、服裝、道具和面具，孩子們扮演著埃及人、美國原住民、希臘神祇、俄羅斯人、逃犯、公主、太空人、探險家、牛仔、盲人、長者，以及無家可歸的人。

多年後，我很高興聽到過去教過的學生告訴我，從前那些口語、肢體表演和團隊演出的訓練，對他們成人之後的溝通能力產生很大的影響。最讓我感動的是，那些戲劇和舞蹈教會他們發揮同理心，並學會尊重他人。他們在不同文化背景與年代裡穿過各式鞋子，有涼鞋、麂皮軟鞋和靴子等等，他們因此知道如何站在不同的立場看待事情。扮演他們在電視上聽到或是讀到的人物，不僅幫助他們學會體諒他人，也讓他們對這個世界不再感到恐懼與陌生。舞蹈與表演讓他們有機會透過所扮演的角色傳遞共通的安慰技巧，展現幽默、仁慈、智慧、耐心與同理心，這些都是存在所有文化與階級中永恆的美德。

五、幫助我們釋放情感與療癒。

有時候要擺脫低潮情緒的最佳方式是打鼓或是彈奏一曲，或是構思小說人物的精彩對話。你甚至可以跳支舞，直到自己筋疲力竭。這些都是原始情緒的正常宣洩管道，也都好過跟人起爭執、發脾氣、發牢騷、用力搥打辦公隔間，或是對自己的狗狗或貓咪大聲咆哮。

不妨就跟著其他同樣需要釋放內在情緒的人，一塊兒在牆上塗鴉，或是構思一則故事吧！

第七章

化藝術爲實際行動的療癒力量

從早期教授表演藝術到後來成爲諮商師，我見過許多鼓舞人心的同僚和專業人士，他們將藝術應用在教育、心理治療、健康照護和社區發展等各式各樣的領域。他們經年累月投入的熱情、精力和觀察體悟令我敬佩。以下我將介紹三位安慰大師：一位是故事高手、一位是陶藝家，以及一位表達性藝術治療師（expressive arts therapist）。

這些安慰大師充滿活力和機智，他們尊重我們每個人心中的創造力火花，並且以這樣的創造力幫助人們進行療癒。他們不僅是具有才能的藝術家和專家，對於社會也有一定的貢獻與重要影響。他們發自內心要帶給人們慰藉。

尋找故事中的共通點

示範者：李斯．薛佛 Les Schaffer

★說故事的人

★心故事劇場（Tell Tale Hearts Storyteller's Theater）共同創辦人兼主任

★李斯表示，不論我們經歷了什麼，或失去了什麼，我們總有一個故事可說。

重要的安慰特質：智慧與謙卑

位於維吉尼亞州里奇蒙的「心故事劇場」，創辦人同時也是天生的說故事好手李斯．薛佛，帶領著他的聽眾穿梭在高潮起伏的冒險故事中，以幽默、機智、溫柔的心化解故事裡連串的厄運。李斯帶著他的巡迴演出團隊跑遍維吉尼亞州各地，在各個慶典、療養中心、戒癮中心、學校、社區、圖書館，爲各個年齡層的觀眾表演，所到之處總是博得滿堂彩。李斯總是說：「我的故事都是眞的，就算是我編出來的。」

李斯將他的智慧和熱情投注在故事表演這一行之前，曾經有很長一段時間擔任家庭與孩童的諮商師，擁有豐富的資歷。他在地區型的精神治療中心工作超過二十年，利用說故事作爲解決家庭衝突的治療方式。他總是鼓勵孩子或父母挑選各自最喜愛與認同的故事角色，把自己想像成那個角色，而且那個人正面對著跟他們一樣的困境。利用這種創造性遊戲治療（creative play therapy），案主們得以探究他們的角色爲什麼會做出這樣的選擇和行爲，最終找出解決現實問題的辦法。

李斯深信說故事的療癒性和啓發性，他於一九九九年與他人共同創辦了「心故事劇場」。藉由過去擔任諮商師的經驗，他用故事演出的方式營造出治療的環境，仔細挑選並改寫符合觀眾需求的故事。他懂得即興發揮，邀請觀眾參與，彈性調整台詞與動作以回應觀眾突發的要求。李斯不僅是表演者兼劇場導演，他還提供了各種療癒課程，喚醒觀眾的創造力、勇氣與熱情，並從故事中獲得啓發。

過去幾年間，我有多次跟李斯坐下來暢談故事治療的經驗，也聽他描述他身爲一個說故事的人，如何幫助自己對抗前列腺癌。

根據李斯的說法，我們能夠從描述自己的故事的過程中獲得許多安慰。因爲當我們在描述一段痛苦的經歷時，我們不得不採用敘事的方式，把事件完整串連起來，包括開頭、中段與結尾。在描述的過程中，我們或許會結巴、重複，或試著找出適切的字眼，甚或停頓，但是好的聽眾，也就是優秀的安慰者，並不介意這些問題。在我們探尋以及找到自己的結論的旅途中，這些安慰者總是在一旁默默守候。而一旦我們說出了自己的故事，分享了自己的苦痛，我們肩頭的重擔似乎也會跟著減輕不少。

李斯說：「我每天都見證了故事的力量。即便只有幾句話，說故事也是孤獨的解藥。我曾經見過最沮喪失意的人藉由分享故事，重新找回連結和歸屬感。」

二〇〇五年，李斯面對前列腺癌轉移的診斷結果，也是透過說故事的力量尋得慰藉。「我覺得很害怕，孤立無援。什麼都安慰不了我，直到我聽到另一個長輩告訴我他的抗癌經過。我可以從網路上尋找建議、名醫和最好的治療方式，但是聆聽一個普通人告訴我他如何對抗病魔的故事，對我來說是最感安慰的事。」

他的故事讓我知道，恐懼、怕得要死，一點都沒關係。他甚至害怕到什麼事都不能做。他鉅細靡遺地描述他的經歷，他說他得說服自己一整天，才有勇氣拿起電話約診。他夜裡無法成眠。聽著這些經驗，我覺得自己不再孤單，也不再因爲害怕而感到羞恥。面對癌症，我擔憂它，卻也害怕自己的膽小怯懦。發現有個我欽佩的人跟我有一樣的感受，讓我鬆了一口氣。他的故事讓我找到據以立足的共通點，讓我鼓起勇氣面對威脅生命的疾病。

故事的安慰力量

李斯以自己的經歷，歸結出故事撫慰人心的四種方式：

一、故事連結彼此。

在他獲知罹患癌症的消息而感到驚恐不已時，來自相同經歷者的故事分享，讓他知道不是只有他會感到恐懼。故事能夠減輕我們的孤立感。

二、故事教導我們生存的技巧，特別是如何面對困境。

當李斯跟這位抗癌鬥士聊到如何面對化療時，他得到了很多的知識，以及面對療程的心理準備。不論是社會、經濟、身體、心靈和人際關係方面，故事能夠教導我們許多生存的技巧。

三、故事能夠啓發我們。

那位有相同抗癌經歷的長者跟李斯分享他的心靈之旅，以及面對死亡的恐懼；反過來說，他自己也將因此對生命更加充滿熱情與感激。故事能夠引發我們內在的火花，鼓舞啓發我們。

四、故事能夠揭露並釐清問題。

當李斯聽到對方如何遲遲不敢打電話約診，他才明白恐懼對一個人的影響。這讓李斯體認到，他必須獲得更多支持的力量。當我們在描述故事時，我們便試著將生命中的片段加以組織，變成更有規則、主題和方向的敘述。故事將我們的經驗變得更加具有結構性和意義，即使這些經驗曾經看來如此微不足道或是一種阻礙。故事不僅爲我們的情緒找到一個出口，我們通常也能從敘事中獲得結論與意義。故事所帶來的啓發會幫助我們走下去。更棒的是，我們可以將故事中的智慧與他人一塊兒分享。

李斯認爲，如果沒有「心故事劇場」以及跟隨劇團演出的經驗，他還眞不知道自己要如何從這場癌症中走過來。

「我想正是因爲我做著我自己喜歡做的事，愛著我愛的人，才能讓我堅強地走下去。」李斯有感而發地說。

李斯給家庭與其他團體的建議

有天晚上，李斯跟我一道享用著地中海餐點，盤中擺放著鷹嘴豆、西班牙風味的開胃菜、沙拉三明治以及色彩繽紛的蔬菜，我倆腦力激盪想著一般家庭如何利用說故事的方式，創造一個簡單又具有撫慰效果的時刻。

一、**創造電影主題之夜**。

大多數人需要藉由一些道具、「對話材料」，或是一些破冰的話題，才願意分享自己的故事。不妨透過電影、電視節目、遊戲、運動、宴會餐點、音樂、節慶糕點和手做活動這類受歡迎的方式，吸引人們開口暢談。一旦眾人沉浸於歡樂的氛圍，選擇一個「轉接器」，將話題轉向說故事。以下是一些利用電視節目或是電影作爲引導談話的方式：

《星際爭霸戰》各集可以作爲異地冒險故事的起點——談談我們如何生活在各種不同的環境中，面對嶄新的處境。

巴斯特・基頓（Buster Keaton）、查理・卓別林（Charlie Chaplin）、勞萊與哈台（Laurel and Hardy）等經典喜劇演員的片子，可以啓發我們以幽默詼諧的方式來談論痛苦與失意。

觀看堅強女子如何面對困境的電影，能夠啓發支持團體中的女性朋友談論自身面對困境的過程，最後她們往往會發現自己遠比想像中堅強。《蜘蛛人》和《蝙蝠俠》這類超級英雄的電影，可以在年輕人身上發揮同樣的效果，挖掘他們未經開發的「超能力」。

二、唸故事給孩子聽。

故事教導孩子如何面對困境。當故事中的主人翁或是動物主角度過了重大難關，孩子多半因此獲得慰藉。

《糖果屋》（*Hansel and Gretel*）的故事告訴孩子們應該學習臨機應變。

《亞歷山大衰到家》（*Alexander and the Terrible, Horrible, No Good, Very Bad Day*）的故事告訴我們，就算事情再糟，天也不會因此塌下來。

《三隻小豬》（*The Three Little Pigs*）教會我們即使再害怕，也能夠憑藉機智跟勇氣解決問題。

《青蛙王子》（*The Frog Prince*）告訴我們不要以外表評斷一切，否則可能因此錯失生命中的驚喜。

三、聆聽家中長輩描述他們如何在逆境中求生的故事。

舉例來說，當我們聽著祖父描述他們如何走過一九三〇年的經濟大蕭條，我們可以從中學習面對金融風暴的智慧。

漫長的一天結束之後，家庭聚餐是維繫家人感情，講述人生故事的絕佳時機。

四、創造特別的慶祝日。

爲什麼得等到特定的節日才能夠慶祝？我們可以自訂慶祝的目的，慶祝各式成就，諸如報告得到A，或是通過艱難的考試，或是媽媽剪了一個大膽的新髮型，或是朋友的畢業典禮。烤個點心、製作花冠和旗幟、吹幾個氣球、送出派對的小驚喜或是紀念品、玩玩猜謎遊戲。創造一個特別的空間，分享彼此生命中各種驕傲的時刻。

五、組織讀書俱樂部或是討論小組。

還有什麼比一本好書更能引發團體成員的討論與交流？除了針對一本書的廣泛討論，也可以讓團體成員多些時間討論與主題相關的故事。

面對壓力仍不失親切幽默

示範者：艾美．韓蒂 Amy Handy
★藝術家、作家、編輯
★緬因州約爾茅斯的玩樂陶藝（Clay Play）負責人
★艾美表示，人們在嘗試新事物時總會害怕做錯。她常提醒人們：「怎麼做沒有對或錯。」保持親切是讓他人感到安心自在的必要條件。

重要的安慰特質：溫暖與親切

緬因州的約爾茅斯，一個下著雪的週末午後，當孩子們的精力無處發洩，你已經想不出還能做什麼時，怎麼辦呢？不妨前往「玩樂陶藝」，那裡的負責人艾美．韓蒂將帶領大夥兒探索人們內在的好奇心與驚奇的創造力，做出創意十足的陶藝作品。

我記得在一個十二月的寒冷天氣中，我前往造訪「玩樂陶藝」，我看見艾美在桌子間轉來轉去，不時走到後方取來陶土或是察看燒窯。她在工作壓力下仍保持著親切的態度，臉上始終掛著笑容，和學員及顧客輕鬆閒聊。

工作室裡不時傳來開心的喧鬧聲，學員忙著完成手中的作品。一個八歲的男孩興奮地談論他要做的禮物。「這是送給祖母的生日禮物，她很喜歡蘋果，所以我在這個杯子上面畫了很多紅色的蘋果。」還有一群人忙著為一起製作的馬克杯上色。孩子們相互分享各自在書本、電影和電視裡最喜愛的角色，大人們則在一旁聆聽和引導。陶盤上塗滿了各式巫師、仙女和卡通人物。

我跟艾美是在我十年前剛搬到緬因州時認識的，當時我參加了「新住戶俱樂部」。艾美把我介紹給坐在她身旁滿臉笑容的女士們，讓我覺得安心不少，一旁還有她剛在學走路的女兒維若妮卡。這幾年來，艾美邀請我每個月到俱樂部演講，活動結束之後，我們會一道享用遲來的晚餐，談論著藝術治療的話題。

艾美跟她丈夫還有大女兒茱莉亞早我幾年從紐約搬至緬因州。我們都很喜歡約爾茅斯以及波特蘭的景色，在這個活躍的海港小鎮，住著許多具有藝術氣息和創業想法的人。

二十多年來，艾美擔任過藝術設計叢書的編輯，合作對象包括 Amazon.com 和艾比維爾出版社（Abbeville Press）。她也曾經出版過幾本書，包括《美國的城堡：風景如畫的歷史》（*American Castles: A Pictorial History*）。擔任編輯以前，她曾在紐約的艾維斯布魯克斯（Eaves-Brooks）服裝公司擔任產品經理。除了編輯的工作，她也替奧甘奎特劇場（Ogunquit Playhouse）設計與製作服裝，並擔任波特蘭舞台公司（Portland Stage Company）的道具師。

艾美是我認識的人裡面最隨遇而安的。她充滿想像力也很聰明，任何問題到了她手裡總是能夠迎刃而解：不論是生意好壞、顧客刁難、孩子啼哭不止、顏料灑滿地、陶藝品掉落地面、孩子爭吵打架、錢包遺失，還是面對疲憊不堪和抱怨不斷的母親們。如果說需求是發明之母，那麼對艾美來說，需求是創造力之母。

談論到藝術製作帶給人們的慰藉時，艾美總是洋溢著熱情與喜悅。根據她的說法，「親手製作東西總是能帶給人們安慰，眞的。親手感受不同的材質，親手完成織被、縫紉、籃子、花冠、烘焙、捏陶、種花蒔草、剪貼與編織，都能帶來眞正的慰藉。」

艾美對於青少年從事手做活動時彼此之間的互動特別印象深刻，他們能夠因此放下手機一段時間！「我很喜歡看他們坐在桌子前面描繪陶藝品時，放鬆及友善互動的模樣。女孩們喜歡互贈小禮物，尤其是初次見面時。這有助於發展人際關係，減輕融入團體的壓力。」

艾美希望透過「玩樂陶藝」恢復過去手做物品帶給我們支持與連結的感受。

人們想要自己動手做，尤其是參與一些團體活動，很多活動早已失傳。但這些失傳的藝術正逐漸復興。過去二十年來，身爲一名設計類叢書的編輯，我發現容易上手且兼具實用性與裝飾性的手做書籍，以及爲舊家具增添新意以節省開支的風潮，再度襲捲而來，特別是在目前不太景氣的大環境下。人們學著以少量金錢重新發掘手做帶來的安慰及實用價值。從回籠的顧客口中，我聽見他們描述陶藝製作喚起他們想要替家裡增添裝飾的熱情，把一些不要的舊東西重新打造與再利用。聽到他們描述如何把塵封的窗簾拿出來製作抱枕讓客廳煥然一新，或是重新縫製破損的被子好掛在牆上做裝飾，實在令我感動。以創意手法爲老東西換上新生命，會帶來大大的安慰。

艾美在「玩樂陶藝」的安慰實例

艾美是安撫情緒的專家，她善於鼓勵人們用陶土發揮無盡的創意。她提到自己如何安慰初次接觸陶藝的人克服恐懼感與不熟悉：

一、首先，我會跟學員們說，怎麼做沒有對或錯。

調整適應是成功的關鍵。我會根據學員們的能力與背景，改變教學內容，展示符合他們程度的範例，並提供戳印、模板以及各式花紋圖案。觀察他們對範本的反應，留意什麼地方可能會有問題。我會幫助他們想辦法克服難關，拿一些他們感興趣和能夠帶來靈感的東西供他們觀摩。

二、以問答的方式，幫助他們釐清自己想要做出什麼樣的作品。

我會問他們做的東西是要送人還是自用。如果是要送人的，我會引導他們想出更多送禮的理由，這麼做通常能夠讓他們更有動力。我也會禮貌性地詢問一些問題，提供方向：「成品要具有實用性，還是裝飾的成分居多？」「只是好玩？」「要掛在廚房或是家中哪個房間？」「最喜歡的顏色？」

人們害怕面對空白的畫紙或是憑空創作一件藝品，我則會提供簡易的工具，像是模板或是橡皮圖章，所以學員不必「從無到有」。通常他們可以利用一些圖片或設計好的圖樣，創作起來也會比較安心。

三、分享成品的喜悅與驚喜。

談論完成作品的各式用途或是展示地點時，通常可以看到學員們臉上露出笑容，或說出他們更多的想法。明顯看得出來，當他們手中握住成品的那一刻，內心確實感受到作品帶來的安慰。

艾美給家庭的創作活動建議

一、彩繪屬於自己的陶藝品。

艾美鼓勵家庭成員尋找當地社區的陶藝工作室，也就是像是「玩樂陶藝」這樣的地方。過去十年間，全美這類工作室如雨後春筍般興起，提供許多價格親民以及有趣好玩的創意活動。

二、製作一張族譜圖或是家族剪貼簿。

研究家族系譜，利用電腦軟體將家族系譜製作成樹狀圖，或是畫在大型海報紙上。利用複印或是掃描的方式，將家族的老照片或是祖先的照片加進樹狀圖裡。

三、製作和裝飾點心。

這樣的作品很快就會被吃掉，不想留下永久紀錄的人，或許就比較不會卻步。

四、親手製作禮物，不必太過複雜與昂貴。

一盒手做卡片（可利用橡皮圖章、海綿或是親手繪製）。

在拼貼的圖案或是照片上，寫上給某人的特別字句，然後裱框。

製作簡單的串珠手鍊、項鍊、飾品或是其他裝飾品。

五、簡單的場地布置。

貼心的布置總是能讓人感到安慰，不必限定於特別的節日。爲環境加點個人的巧思。利用各種材質的布料、加進喜愛的色彩或是小小的幽默感、掛上紀念品或漂亮的小飾品，都能使各個角落或是家具變得煥然一新。

裝飾窗戶和牆面、種植盆栽或在層架上掛上一串小燈、花冠、緞帶、絲綢、乾燥花、肩章、飾品、織品、百納被、花環、石頭、籃子、漂流木等等。

製作有趣的小物掛在天花板上，例如星星、太陽、天使、彩虹、摺紙、仙子、鳥兒等任何會飛的東西。

六、製作小型的精靈之屋。

找一群孩子一起到戶外搭建精靈村莊，利用大自然隨處可見的材料製作，像是小石子、貝殼、樹枝、羽毛、苔蘚、乾燥花或樹葉，眾人歡度魔幻的時光。這些小屋模型稍後可以帶回家中，放在層架上展示。

維若妮卡的祕訣

艾美的女兒維若妮卡已經十二歲，充滿創意的她建議利用臥房、廚房或走道的牆面，從事具有安慰效果的藝術活動：

- 把牆面當作便利貼的展示區，上面蒐集了朋友或親戚造訪時留下的訊息。或是利用大型告示板，釘上他們寫下的溫暖字句、照片跟卡片。
- 利用黑板或是磁鐵板裝飾牆面。可以將信件或是圖片吸附在磁鐵板上，然後用粉筆在黑板上留言。
- 把想要前往的地點或是夢想中的地方，製成地圖或海報掛在牆上。
- 為賓客製作海報或歡迎標語，可以寫上多國語言增添趣味。
- 想當然耳，冰箱是個展示信件、圖片、有趣漫畫跟照片的絕佳地點。

看見、聽見與感受他人

示範者：潘蜜拉．布朗特 Pamela Blunt

★領有臨床社工執照（LCSW），表達性藝術治療師、藝術家、社工

★潘蜜拉表示，我們都需要被看見，不能只是活在自我認同的世界裡。

重要的安慰特質：認同與懷抱希望

潘蜜拉．布朗特有著迷人的嗓音，輕柔又低沉，讓人忍不住想闔上眼，聆聽她的述說。我能夠明白她的客戶們爲什麼都會再度上門，因爲光聽她的聲音就足以讓人覺得安慰。

潘蜜拉的慷慨特質讓她成爲各種創造性活動的最佳夥伴，她會帶著你盡情歌唱或提筆畫畫。她的合作對象多半是年過半百的長者，他們當中許多人這輩子從未接觸過藝術，而潘蜜拉擁有鼓勵人們挖掘內在自我的天賦。

我跟潘蜜拉共事過，親身感受到她的迷人特質。她看得見被我們忽視的力量，

她鼓勵我們認眞看待自己的創作天賦，不論我們是否願意發揮這樣的天賦。對她來說，人人都具有創造力，只是習而未察。她說：「少了他人的見證，我們看不見自己的潛能、天賦跟想望。」潘蜜拉不禁感嘆我們的文化過度強調個人主義，讓我們覺得「尋找自我」是條孤獨的自我探索之路。「人類彼此依賴，我們的天賦通常展現在以某種方式與別人互動，以及突破自我限制的時刻。」

在我二十出頭那段困惑又沮喪的階段，潘蜜拉是我的一盞明燈。當時我掙扎於完成戲劇學士的文憑、教授戲劇與舞蹈、做一堆兼差只爲了支持自己當個藝術家的夢想。我不知道自己有沒有足夠的勇氣往夢想前進，畢竟當時我連住都成問題了。

一九八〇年我跟潘蜜拉在維吉尼亞的里奇蒙初次認識，地點是一家帶有嬉皮風格的素食餐廳叫做「優雅之地」（Grace Place）。我是餐廳的女侍，潘蜜拉則是朋友的朋友。她態度親切，完全不計較我是個糟糕的服務生，每回繞到她的桌前閒聊時總是忘了她點的三明治。我們很聊得來，等到她的三明治終於送上桌時，我們正聊到喬瑟夫·坎伯（Joseph Campbell）的《神話》（*The Power of Myth*），還聊到夢境的意義。後來潘蜜拉經常光顧「優雅之地」，等我下班後兩人交換彼此的夢境筆記跟看法。她很早就立志研究舞蹈、神話、人類學跟肢體語言之間的連結，一邊則忙著完成亞利桑那大學的人類學學位，專研舞蹈與治療的關係。她給我很大的啓發，告訴我人類的肢體如何展現靈魂深處的召喚。她加深我對內在天賦的認同，讓我更加肯定要朝藝術的領域前進。

最後她選擇在亞利桑那定居，並在「峽谷牧場」（Canyon Ranch）私人會所擔任按摩治療師長達十年之久，期間還拿到社工學位。她也曾在「兒童保護協會」（Child Protective Services）任職，對藝術熱情不減的她整合了音樂、繪畫、肢體律動和戲劇於一身，應用在對孩子的治療上。之後，她將這類表達性藝術活動運用在療養院的癌末患者及家屬身上。

二○○○年，潘蜜拉在亞利桑那吐克桑（Tucson）國際學院展開爲期五年的學士後研究課程，研習表達性藝術治療的跨學科研究，之後到瑞士的薩斯費（Saas Fee）歐洲研究學院修讀。她目前服務的對象多半是行動無法自理的老人，她會到他們的家中或是養護中心給予藝術治療。她位於亞利桑那比斯比（Bisbee）的寬敞藝術工作室同樣提供課程及繪畫與陶藝的藝術創作。

每當我跟潘坐下來暢談藝術治療的力量時，她總喜歡把我問她的問題拿來反問我。身爲藝術治療師，她喜歡挖掘別人有趣的一面，也很享受這樣的過程。老實說，她是我見過說話最不拐彎抹角的人，卻能夠在言談間提供我許多專業意見，以及她個人對於安慰的親身體會。她對於表達藝術以及人類透過想像力發揮創作的能力，打從心底認同。她認爲藉由聲音、肢體動作、語言、故事或是想像力，我們能夠傳達內在的創造力。

這世上找不到「沒有創意」的人。每個人都有源源不絕的經驗、希望、想像、故事、動作方式、說話的語調，可以與他人分享與描述。協助人們把這樣的體驗說出來，帶來的安慰是如此顯而易見。當我們沉浸在創作的過程中，內心會有無比的喜悅。我喜歡看見人們發覺自己內在創造力的那一刻，臉上不經意流露的喜悅。通常這樣的經驗是神聖又深入內心的。許多學員告訴我，他們因爲參與創作課程而受到啓發，開啓了自己或與朋友和家人的創作之路。

潘蜜拉說她總是驚訝於人們能夠利用最簡單的工具，發揮最原始的創作力：雙手、雙腳、聲音、文字，最重要的是我們的心，都是創作的媒介。她曾經鼓勵一名罹患多發性硬化症的女性舞者利用「手部的律動」跟隨音樂起舞，也曾經和一位長者一起分享人生故事而開懷大笑。我們多數人都受到社會的影響，認爲一切事物都必須有合理的解釋，包括創作的理由，卻忘了眞誠體會我們的創作。人們總是對自己太過嚴苛，害怕自己不夠資格去創作，實在令人遺憾。

我們都渴望被看見、被聽見，更重要的是被感動。當我們受到了感動，內在的創造力所做出的回應，會令我們感到驚訝，超越我們心智的想像——由內而外。這種想要被感動與表達的渴望，存在我們內心深處，也就是靈魂的所在。

潘蜜拉幫助人們透過藝術獲得療癒的訣竅

一、集中注意力。

緩下腳步，自在面對平靜與沉默。問一些簡單、開放性的問題，不要探究或檢視，純粹是出於關懷。她通常只會問對方：「你這個星期過得如何？」她也會再簡述對方說過的話，讓他們知道她的關注和在乎。

二、帶著一顆願意參與的心。

參與藝術創作，一塊兒玩樂，而不僅是在旁邊看。通常潘蜜拉會帶頭，讓參與者感到輕鬆自在，然後她會適時退到幕後，讓參與者自己去冒險。專注聆聽，留心參與者傳達出來的肢體語言。要格外留意人們對自己帶出的話題有何反應，是什麼讓他們充滿興趣，又是什麼會讓他們會心一笑或侷促不安。潘蜜拉也會分享自己的看法。知道什麼事會讓自己有興趣是很重要的，能夠讓我們有意識地做出選擇，增進生活品質。過去視爲理所當然的事，突然間我們能夠加以選擇，將是一件令人感到安慰的事。

她也會帶領對方透過感官覺知當下。她經常要求參與者閉上眼睛，說說他們感覺到什麼，以及身體察覺到什麼。人們會說：「我聽見外面有鳥兒在唱歌……我感覺到我的下背部有些緊繃……我聞到了空氣中傳來松木的芳香……我注意到自己的呼吸。」當他們感受到意識的流動以及感官知覺到的一切，她會將他們的話記錄下來，之後再一起分享，將這些感受寫進詩句、舞蹈或是繪畫創作。專注在當下，便會發現周遭與內在的世界如此豐富。

這樣的體驗方式能讓人與人、人與土地之間的連結更加緊密。潘蜜拉提到一位罹患嚴重糖尿病的婦人，她因爲失去視力而感到沮喪，當她發現自己長久以來並未專注聆聽周遭許多聲音，也發現自己原來可以感受事物的本質時，她因而感動落淚。透過這種簡單的訓練，這位病患感覺到整個世界像是再次爲她敞開。另一名罹患風濕性關節炎的病患也因爲這樣的訓練而受益，他現在會固定寫詩。令人驚訝的是，不論經歷過多少次這樣的知覺訓練，每次總有不同與嶄新的體悟。

潘蜜拉給安慰者的建議

一、**肢體接觸**。

就算沒有受過專業的按摩訓練，也可以將雙手輕輕按壓在腳踝、膝蓋與關節處，這麼做能夠讓人感覺到溫暖與放鬆。利用精油或是礦物鹽做足浴或是腳底按摩，可以增添香氣。抹上乳液輕輕按摩也可以舒緩身體壓力，特別是在足浴之後。

二、**播放讓對方感到平靜的音樂**。

播放對方喜愛的音樂是個貼心的舉動，且讓人感到安慰。當我們察覺這些音樂能夠安慰情緒紛擾的人時，我們可以告訴對方：「今晚我會爲你播放這些歌曲。」

三、**玩些遊戲以抒解壓力**。

紙牌、猜謎等簡單遊戲能夠達到安撫人心的效果，是凝聚家庭成員或朋友的絕佳方式，而且透過遊戲可以幫助我們度過難捱的時期、危機或是失親之痛。讓彼此在沒有壓力的情況下聚在一起，儘管遊戲老套，仍能從中找到一些樂趣。

四、節目與活動。

一起觀看益智節目，或者玩些小時候最愛的遊戲，諸如捉人遊戲、捉迷藏、衝破防線、木頭人等等。

五、設立祭壇（對哀悼中的家庭來說）。

祭壇可以設置在小桌子、小櫃子、書架或家中僻靜的角落。有些人會收集各式花紋、圖片和小物，然後把這些東西當成一幅畫裱框起來掛在牆上。我們可以選擇想要放在祭壇上紀念摯愛對象的東西。

視覺：放置圖片、照片、小物件、紀念品、藝術作品或是雕塑品。

聽覺：擺放搖鈴、音樂盒或是音樂卡片。

觸覺：鋪上各種布料、自然的東西，例如海螺、石頭、羽毛、松果、漂流木。

嗅覺：把香水噴在布料上、抹上香精油，或是點上蠟燭。

六、製作記憶盒。

這是祭壇的另一種形式，但更便於攜帶或是存放。在盒子內外塗上顏料或是貼上剪貼，表達對逝者的感受與記憶。在盒子裡放上具有意義的東西和各式紀念物品。曾經有個案主跟她的孩子們一起在後院製作了一個巨大的雕塑，彷彿將整個後院當成他們的記憶盒。

七、創造儀式。

利用歌曲、詩句、禱詞、祝福的話，或一段對方最喜歡的文字，表達我們內心的感受。由家人一起決定儀式進行的時間以及方式。點上蠟燭，大聲說出寫下來的紀念文字，這麼做療癒效果頗佳。通常所有家庭成員都會參與儀式的進行，有的人可以負責點蠟燭，說一段開場白；有的人可以負責唸禱詞；有的人說個小故事或唱首歌。這麼做對參與儀式的孩子和青少年來說幫助很大。

八、製作記憶花環或剪貼簿。

爲了紀念逝去的人，我們可以在花環上擺上小照片、裝飾品、摺紙等等。我曾見過以藍色與金色的摺紙裝飾的白色小塑膠樹，上頭還摺了一隻希臘神話中的飛馬帕格修斯（Pegasus），因爲逝者生前最愛馬。孩子跟家庭成員可以在逝者的照片旁邊寫上一些字句或是畫圖。有些孩子喜歡以「圖畫」的方式來表達情感。

第四部

動物跟土地教我們的事

把腳埋進溫暖的沙子裡，
或是踩進冰冷的泉水，
快意無限的腳讓我們知道活著的感覺真好！

第八章

大自然的撫慰力量

一個六月的清晨，我心情愉悅地坐在加斯科海灣旁一顆溫暖、覆滿青苔的石頭上，一對山雀在我身邊打轉。那隻公鳥就停在我頭頂正上方的白樺樹枝上。牠偏著頭盯著我瞧，似乎有點疑惑。我靜靜坐著，被牠那對專注、迷人的眼睛所吸引。突然間，我彷彿是牠熟悉且信任的人，牠跳到了我的頭頂。我感到不可思議，依舊不動聲色，感覺牠溫暖的小小身軀輕柔地吐息，而牠好像也不急著離開。接著，牠低下頭輕輕在我的額頭上一啄——給我一個小小的吻。然後牠飛走了，再度停在白樺樹枝上。眼前這一幕令我動容，我對牠投以微笑，牠則繼續盯著我瞧。在彼此溫柔的目光間，時間停止了，我們的靈魂交流。不過短短幾分鐘，這隻小鳥令我對造物者的愛神聖了起來。

打從與這隻山雀相遇後，我便開始留意窗外是否出現牠們的叫聲，儘管當下我可能正對著帳單、流感、戰爭或鄰居總喜歡大聲彈奏樂器等問題發愁。牠們總能將我從繁瑣的生活中拉開，讓我的想像力隨著牠們馳騁在樹叢、山頂與廣闊的天空。

我深信大自然能夠帶給我們極大的安慰、智慧與希望，特別是當人與人之間的相處總是令我們感到失望，或是讓我們變得更加孤獨。畢竟就自然而言，我們絕對不會是孤單的——繁複交錯的生命網絡包圍也支持著我們。身爲安慰者，我們能夠給予傷痛者的最大安慰，便是帶領他們回到這個深廣且無盡的平和裡。對於需要安慰的人，有時最佳的「解藥」就是安靜地漫步林間。

我無法忘記跟那隻凝視著我的山雀之間的連結。這一幕的記憶不斷提醒我，眼神接觸如同安慰話語一樣重要。多年來我見到許多安慰者以眞誠、溫柔的眼光注視著被安慰者。根據牛津字典的解釋，古英文對注視（behold）這個詞的解釋是：*bi*（完全），*halden*（靜止），完全靜止的片刻。

我們不都渴望能以這種方式被看見?除了被聽見、被看到，我們也需要以溫暖、接納、有尊嚴的方式被注視著。我們渴望得到認同與接納，以及「無條件的關懷」，正如卡爾．羅傑斯（Carl Rogers）以人爲本的諮商方式。梵語的問候*namaste*（合十禮）說明一切：「我生命中的光芒與你生命中的光芒相互映照。」

有十七年的時間，我養的貓咪艾凡每天早上都拱著背，帶著熾熱的眼神注視著我，彷彿我是牠的女神一般。我印象最深刻的安慰時光，都有某個人帶著充滿愛與溫柔、仁慈和尊重的眼神注視著我。這些人或動物臉上的表情，徘徊在我的記憶中，成爲永恆的慰藉；儘管其中有些人僅僅是短暫過客，如同那隻偶遇的山雀。

動物和自然提醒我們，如果我們無法體會到這片土地，以及在這片土地之上的一切帶給我們的安慰，那麼我們就有愧於自己與這一切。唯有當我們仔細觀察和傾聽，才能夠眞正爲自己與他人而在。

我有幸認識許多明白大自然的療癒力量的治療師。他們相互切磋、彼此學習，將這個智慧應用在許多團體治療上，包括悲傷者或是罹患慢性疾病的病人。

唐跟布蘭達是一對和善且富有同情心的夫妻，經常帶著他們養的療癒犬前往各大醫院、照護之家與療養中心。他們展示了如何從狗兒身上學習安慰孤獨與退縮的人們。擁有醫學博士的南茜溫暖且博學，利用馬來治療受創的病患，包括創傷症候群的嚴重患者、退役軍人、暴力犯罪及家暴的受害者。蘿拉則發展出許多創新與成功的計畫，指導幼童藉由照顧動物培養責任感與團隊精神。

最後，渡假村主任及細心的指導員珍則告訴我們如何找到內心的平靜，讓我們得以看見這片土地帶給我們的慰藉。

狗兒的智慧：每個人都值得被安慰

示範者：唐與布蘭達．韋克斯 Don and Brenda Weeks

★緬因州醫學中心療癒犬計畫推行者

★緬因州香格里拉訓狗場的經營者兼指導師

★韋克斯夫婦表示，對於憂傷且面對著不可知未來的人們，狗兒可以提供實際和可預期的安慰。狗兒讓我們卸下心防，坦然面對彼此。

重要的安慰特質：接納與同情心

當我問韋克斯夫婦，狗兒能夠教我們什麼安慰技巧時，只見他倆相視而笑。他們給我倒了一杯冰可樂，邀請我坐在他們寬敞的鄉村風廚房的餐桌旁，伴著他們養的兩條狗，黑色的拉布拉多犬叫薩瓦納，另一隻彬彬有禮躺在我腳邊的長毛獵犬叫歐妮。我穿著涼鞋，感覺到歐妮的尾巴輕輕掃過我的小腿。牠的尾巴彷彿是情緒溫度計，呼應現場的反應。每當我們說到好笑的地方，牠的尾巴就會拍打著我的小腿，等到我們的情緒緩和下來，牠的尾巴再度回復原先平緩的搖擺頻率。

突然間歐妮舔起我的手，我咯咯笑了起來。唐跟布蘭達見狀也笑了起來，他們知道歐妮了不起的地方在於能夠確實感受到我此刻的需求，試著要減輕我在訪問前的緊張情緒。顯然狗兒的一個安慰技巧，就在於提醒我們別太嚴肅了。

唐跟布蘭達結婚二十六年來，默默致力於經營訓狗場，訓練療癒犬和義工，並與緬因州當地的醫療單位合作。他們在一九八〇年代初於紐約的約克鎮盲人學校相識，兩人當時正在研習導盲犬訓練師的認證資格。再早之前，他們都曾爲了訓狗場的合法經營執照，在麻州的同一所專科學校上過課。一九九三年以來，他們已經帶著幾隻療癒犬造訪無數療養中心以及緬因州醫學中心的病患。

布蘭達罹患多發性硬化症已有十六年的時間，她利用電動輪椅跟休旅車載著狗兒們前往照護之家或療養院訪視病患，行動上沒有任何問題。

唐跟布蘭達強調，帶領療癒犬造訪醫院時要退居幕後，讓狗兒成爲焦點。他們引導訓練有素的狗兒吸引病人的注意力。我很快便發現了療癒犬的專業在於，訓練主儘管退居幕後，卻能夠以幾乎讓人察覺不到的方式指引狗兒達到目的。訓練狗兒這件事本身就是一種藝術。

布蘭達有張甜得像天使的面孔，談起狗兒的貢獻，她臉上難掩燦爛的笑容。「當人們不知道該說些什麼的時候，狗兒就是話題，可以摸摸牠、談論牠。每個人或多或少都能夠跟狗兒有所互動，跟他們一起玩可以放鬆情緒。療癒犬轉變了病患的情緒，以及病房內的萎靡氣氛。病患、家屬與醫護人員也因此更常面帶笑容，停下腳步，以不同的方式產生連結。」

唐點點頭笑著補充說：「狗兒把我們拉出自己的保護殼。人們會開始說起故事，特別是關於自己的寵物，或是其他與寵物有關的事。每個人多少都有個跟動物有關的故事可說，談論這些話題比個人故事讓我們覺得更自在。但往往說到最後，還是免不了把個人也帶進去，像是恐懼、擔憂，以及往前的路該怎走。」

「這些動物的故事多半很有趣，能夠打破僵局。」布蘭達插話說：「好的故事可以凝聚所有人，讓家人或朋友一起回憶美好的時光——暑假、旅行、生日派對或婚禮。有趣的是，這些故事裡多半都有狗狗的角色。狗兒的故事可以帶領家人穿越時光隧道，也能幫助醫院或是療養院裡的病患找到共同的話題。」

我問唐跟布蘭達，他們身爲安慰者，從狗兒身上學到了什麼。

唐思索了好一會兒才說：「我原本立志成爲緬因州醫學中心的牧師，之前我曾自願帶領病患進行聖餐儀式。然而，帶著我們飼養的狗兒克里斯多佛去探視病患的經驗，讓我明白我必須訓練自己對於他人抱持更多無條件的愛與接納。我還是不免會評斷他人，這將有礙我的職志。而克里斯多佛讓我看到陪伴和留意病人需求的重要性，也讓我暫且放下急於評斷的天性。」

他告訴我一位因爲嚴重酗酒而肝硬化、獨自躺在醫院裡等死的病患的感人故事。「一直到他死之前，都沒有人到醫院探望他，他斷絕了和家人、前妻、孩子和朋友的連繫。除了醫護人員，只有我跟克里斯多佛每天到醫院探視他。這個病患了解也接受沒有親友在身旁的事實。他告訴我他這輩子給別人惹了太多麻煩，應該只有狗狗還願意愛他。他讓克里斯多佛跳到他的病床上，躺在他身邊。克里斯多佛讓這名男子抱著牠、撫摸著牠，他也以愛回報。他說他很懷念年輕時養過的狗，他落淚感謝我們讓他死前還有機會抱抱狗兒。」

唐停頓了一會兒，以溫柔的語氣繼續說：「我知道這個故事很感傷，但仔細想想，克里斯多佛帶給這名男子多大的感動。不僅僅是愛，而是完全的接納，不管好與壞……讓人在生命的盡頭尋得內心的平靜。這就是我想要給人們帶來的感受。但我永遠也沒辦法做得跟克里斯多佛一樣好。我不需要病患們抱著我，但我希望他們能夠感覺到被接納，在我面前不必擔心受到批判。」

談到無條件的愛與接納，布蘭達分享了狗兒幫助她放下「應該怎麼做」的偏執，讓她更能夠無條件的接納別人。「我從自己面對多發性硬化症的過程中，漸漸學會了無條件的愛，以及停止評判的習慣。長久以來的行動不便讓我只能癱坐在輪椅上，我一直覺得自己應該爲別人做更多，至少我應該要把自己料理好，這樣的心態讓我鄙視自己的殘疾。然而，跟著狗兒們一起去探訪病人，我明白只要存在就已足夠。人們需要的是我的出現與陪伴。如果我行動自如，到處跑來跑去，或許就無法專注於接納和同情。現在我認爲自己的多發性硬化症是有原因的——讓我成爲一個眞正的安慰者。讓我能夠專注和付出，不論是我的時間、我的雙耳，還有我的同理心。」

布蘭達與唐熱中參與訪視當地的臨終關懷機構。他們帶著狗兒和愛心，讓病人在臨終之際尋得內心的平靜。唐回想起在療養院的經驗：

> 帶著狗狗前往臨終關懷機構，我們見證了安慰的龐大力量。對這些臨終病患來說，狗兒能夠幫助他們與家人道別。病人通常會讓狗狗跟他們一塊兒擠在病床上。狗兒默默趴在病患身邊，坐著或是站在病榻旁的家屬輕撫狗兒，跟牠們說話，特別是當他們不知道該跟臨終者說些什麼才好。狗兒塡補了病患跟家屬之間漫長的沉默，化解尷尬。
>
> 家屬見到狗兒安靜趴在病患身邊，往往鬆了一口氣，也感覺到狗兒帶來的親密感與安慰。狗兒成了親友與病患之間的潤滑劑，他們說著故事、分享消息，或只是

拍拍狗兒，共享眼前寧靜的片刻。

狗兒的安慰力量

- 當我們不知道該說些什麼時，狗兒給了我們共同的話題——談論自己，談論其他狗兒與寵物，或是聊聊主人在哪裡與狗兒結緣。
- 狗兒幫助我們填補漫長的沉默，特別是面對痛苦沮喪的人。允許靜默，放輕鬆，自在談論與說笑。
- 狗兒的感染力能夠撫平不安，提振沉悶的氣氛。
- 狗兒具有強烈的同情心，能夠察覺人們的感受，反映出這些感受。
- 狗兒幫助我們慢下腳步，回到當下這個片刻。
- 當我們痛苦時，狗兒可以分散我們的注意力，將我們從恐懼與憂慮中抽離。
- 狗兒提醒我們，我們從來就不孤單，不論我們感覺自己有多麼孤單無依。
- 狗兒幫助我們拋開虛假、地位、自我膨脹，讓我們變得謙卑與眞誠。
- 狗兒讓失序的生活感覺正常一些。
- 當醫護人員帶來壞消息時，狗兒是病患與家屬的安慰劑。

- 狗兒能夠挖掘出退縮、沮喪或是迷惘的人們內心的愛與情感。
- 狗兒能夠幫助有認知障礙、失智、阿茲海默症或中風的老人集中注意力。

給家屬或其他團體的建議

不論是自己養的狗或是借來的狗狗，唐跟布蘭達建議我們可以帶著狗兒從事以下具有撫慰效果的活動：

- 沉浸在替狗兒梳理毛髮的時光。
- 跟狗兒一起玩玩具、球、棍子與飛盤，趴或躺在地上跟牠們一起玩。
- 看著狗兒們玩在一塊兒，聊聊牠們逗趣的行爲。
- 觀察狗狗之間如何互動。
- 抱抱你的狗兒，輕撫牠們。
- 帶著狗兒一起散步、探險。
- 享受牠們親暱的小動作，可預期的舉動會讓人覺得安慰。
- 看看與動物和大自然有關的書籍、電影或電視節目，分享有趣的內容。

馬兒的智慧：提供清楚與堅定的指引

示範者：南茜·柯尼 Nancy Coyne

★醫學博士，精神科醫師，擁有三十年治療創傷生存者的實務經驗

★艾波納馬科經驗學習中心 Epona Center for Equine Experiential Learning

★南茜表示，我們不需要義正詞嚴才能表達自己想要表達的意思。馬兒教我們在清楚與堅定的同時，保持尊重與愛心。

重要的安慰特質：堅定但不失溫柔

南茜·柯尼治療創傷生存者有多年的經驗，對象包括家暴受害者與患有創傷後壓力症候群（PTSD）的退役軍人。儘管聽過這麼多悲慘的遭遇，她仍然對人生懷抱希望，臉上帶著燦爛的笑容，還有一顆樂於助人的心。

約莫十年前，她開始研究馬兒的療癒功效，她發現遭受同類暴力的人們會自然而然尋求動物的慰藉。她相信很多創傷者需要的是不同於人類的連結，才能夠從被人傷害的創痛中復原。幾年前，受到琳達·柯罕諾夫（Linda Kohanov）的啓發，

南茜決定到亞利桑那州的艾波納中心（由琳達所創立）任職。如今，身爲艾波納的指導員與精神科醫師，南茜爲不同的團體作過諮商，包括伊拉克與阿富汗戰爭的退役軍人，家暴與受虐兒童，以及其他暴力事件的倖存者。

南茜和她的夥伴住在亞利桑那索諾塔（Sonoita）附近一座七英畝大的農場裡，養了四匹馬、一隻驢子、一頭迷你馬、兩隻美洲駝、兩隻山羊、兩隻貓和兩隻狗。她每年夏天都會前往緬因州拜訪客戶與帶領工作坊。閒暇時她會在農場附近的沙漠中騎馬。她分享這樣的經驗：「當我和奔馳的馬兒合而爲一時，感受到無比的慰藉，馬兒能夠察覺到我最細微的動作，配合我的節奏。我們合作無間，行動無比自在，彷彿帶著相同的生命力一起呼吸。」

她還跟我分享一個最近發生的故事，主角是一匹叫做珊兒的馬，牠在幾年前來到艾波納中心，成爲南茜的絕佳夥伴。

我因爲家庭問題陷入悲傷，感覺孤獨又難過。某天，艾波納農場來了一隻叫做珊兒的黑馬，牠一路從密西根運抵亞利桑那。那是牠頭一天抵達，我們預期牠會不安與躁動。當我走到圍欄前，牠竟然小跑步過來，把頭伸出柵欄靠向我。我不自覺的將臉埋進牠的脖子，牠讓我抱著牠好一會兒。我們都很訝異。牠彷彿察覺到我內心的感受，畢竟牠自己也離開家園而且緊張不安。牠走向我，我們互相安慰。

馬兒跟狗兒的安慰方式截然不同。狗狗樂於將牠們的愛與關注傳遞給別人。馬兒不同，牠們需要我們小心對待，畢竟牠們的身型比我們大上許多。牠們曾經在草原上逃避獵食者的追捕，千百年來遭受人們的虐待，所以牠們非常敏感，需要我們的溫柔、耐心與尊重。牠們同時也需要我們清楚與堅定的帶領。

「所以馬兒需要我們仔細且溫柔的呵護，又必須表達清楚與堅定的態度。」我附和。南茜則繼續解釋說：

溫柔，但清楚與堅定的表達，對於創傷者來說是重要的學習過程。這是一種溫柔的力量，意思是說你可以表現力量，但不苛求。受到暴力傷害的人常誤以爲必須義正詞嚴才能表達自己想要表達的意思。他們學到暴力帶來的破壞力與攻擊性。馬兒卻示範了透過陪伴、專注、信念以及堅定的態度，也能展現力量。我們必須讓馬兒清楚知道我們要牠們做什麼，以及我們想做什麼。馬兒需要我們劃定界線和明確的指引。對於遭受暴力創傷的人，馬兒讓他們學會堅定的表達，清楚的界線，否則馬兒會拉著騎馬者往不同的方向奔去。

「這些馬難道不怕人？」我一臉納悶。

「艾波納的馬兒許多曾遭受虐待，有的還是退役的賽馬，牠們仍想要行動和貢獻，但牠們需要我們的支持。創傷者和受虐過的馬兒之間有很強的連結，他們感受得到彼此受過的傷害，以及彼此的敏感與害羞，他們對情感的連結猶豫不前。他們都需要溫柔的對待與關懷，一點一點信任對方。在騎上馬兒之前，幫牠們刷背、理毛、清潔、散步、餵食是更重要的工作，會讓馬兒與人慢慢產生信賴感和溝通互動。」

狗兒會親近每個人，馬兒則會選擇想要親近的人，照顧馬兒的人很快就能察覺到這一點。南茜說：「每天我都會聽到案主驚訝地說被馬兒挑上的感覺眞好。當他們說：『瞧，牠朝我走來，蹭了蹭我，牠是眞的喜歡我！』這不僅提振他們的精神，也提升了他們的自尊。馬兒會讓你知道牠想要什麼，但牠們更需要清楚的指引與界線。牠們會測試我們的底線和耐心，我們則必須沉穩、堅決以對。」

南茜這番話讓我反思起，如果我們太過投入與慷慨，忘了劃清界線，會變得盲目付出與自我犧牲。劃清界線、態度堅定與清楚表達似乎與我們心中對於安慰者的印象違背；而溫柔的安慰特質似乎又跟現實世界需要的強悍和自我保護相斥。在我們的文化中，溫柔常常和軟弱、容易受騙劃上等號。創傷者，特別是遭受暴力虐待的人，對於自己的溫柔特質尤其排斥，因爲這些特質或許就是他們過去原諒或縱容加害者的原因。因此他們會選擇武裝自己，於是常常錯失了被安慰的機會。

然而，南茜表示，我們不必爲了必須強勢而武裝自己，馬兒則證明了這一點。牠們讓我們看到了，我們可以劃清界線、清楚表達、態度堅定，卻仍舊保有體貼的特質。對安慰者來說，這是一個新的觀點，體貼別人和堅定自己的立場並不違背。的確，馬兒教我們的是剛柔並濟的力量。

馬兒的療癒力量

- 馬兒不會撒謊。我們可以學習如何對自己與他人坦承。
- 馬兒是我們的情緒與行爲的借鏡。如果我們否認或是不願意面對自我，馬兒會讓我們看清事實。馬兒教導我們要察覺自己的脆弱與界線何在。
- 馬兒會讓我們冷靜下來。
- 馬兒教導我們對於周遭的環境保持敏銳。
- 馬兒教導身爲安慰者的我們應該要清楚表達與堅定立場，但不必以犧牲溫柔體貼爲代價。

持續的安慰：儀式、慣例與季節

示範者：蘿拉．海爾 Laura Hare

★幼兒園主任，有三十年資歷

★大樹幼兒園（The Growing Tree）卸任園長

★蘿拉表示，寵物帶來的安慰力量持續不斷，因為牠們是習慣性的動物，牠們最大的喜悅來自每天和我們的例行互動。

重要的安慰特質：值得信賴與耐心

蘿拉跟我約在她的淡紫色小屋前院，窗台上的花盆種著三色堇。前院的陰涼處擺放著一張搖椅，上頭放了黃色的靠枕。我進門後，她迅速把門關上，這樣她的貓才不會跑出去。她給了我一個大大的擁抱，熱切領著我到後院的草坪上，那兒有個小池塘，還有幾棵蘋果樹。她指著池塘裡幾隻生命力強韌得不可思議的「戰士」，這些金魚躲過掠食者、暴風雪、乾旱與熱浪的侵襲。然後她帶我到種了幾盆天竺葵的舒適露台上，接著走向有著拱形窗的日光室，傍晚的陽光穿透水晶吊飾，映照著幾籃常春藤。

蘿拉舒適地坐在藍色的布沙發上，她養的兩隻黑貓分別躺在她的大腿兩側，望著我的一舉一動。在兩隻貓兒的注視下，我環顧四周，讚賞她的手作品：帶有鄉村風的百納被與罩巾，繪上花朵圖案的櫥櫃，編織籃內一籃籃的海貝殼。最後我才記起明天的計畫。

「蘿拉，我們明天終於可以前往印地安原野酒館啦？」

「是啊，終於可以去了，我實在等不及了。」她興奮地揮舞著手。「哇……真不敢相信我們已經一年沒見面了。」她大呼一口氣。「明天就能到印地安原野酒館！」我們有二十五年的交情，兩人一直把前往蓊鬱的詹姆士河岸旁的印地安原野酒館當成朝聖一樣。我們很喜歡這家古老雅緻的小酒館，總喜歡坐在香草花園旁的門廊前享用週末的午餐，餐後照例吃上一份威士忌核桃派外加香草冰淇淋。開心吃完甜點以後，我們會到林間漫步，四周綿延著數英里的黃豆與花生田。

自從我搬至緬因州以後，過去十年來我們的朝聖儀式變得格外有意義。如果我跟蘿拉活到八十歲，即使小酒館變成廢墟，我們一樣會相約每年聚首，在六月的詹姆士河岸旁散步。比起住在附近的多數友人和同事，我更加依賴蘿拉，我們保持每年的朝聖儀式，不曾間斷。這個週五傍晚，我們聊了好一段時間，幾乎到午夜，談到蘿拉對於安慰這門藝術的了解，話題總離不開如何維持長久的人際關係。人們依靠聚會、儀式、例行公事連結彼此，特別是對孩子來說。我們看著大自然的潮汐、月圓月缺、動物遷徙、季節遞嬗與世代交替，學會了這個道理。

二十八年來，蘿拉透過對於大自然生生不息的循環與運作方式的體悟，指導孩子們從中學習生活的各項技能。她總是能夠想出一些小妙招，創造例行活動與儀式，讓孩子們期待參與活動與角色扮演。不論是讓孩子們爲之瘋狂的萬聖節驚魂夜，或是替墨菲這隻烏龜清理牠的水池，或是等待史迪威跟佩圖妮生下一窩小兔子，露營時的導覽圖或是種植櫻桃樹，她總是有辦法讓孩子們充滿期待與好奇。

蘿拉原先的專長是照顧身障的孩子，她開創了維吉尼亞州的社區課後輔導計畫，將患有殘疾的孩子整合進主流的教育體系。她也徹底落實將大自然與動物帶進學習環境的理念。每個孩子都扮演重要的角色，負責照顧自己所選的動物、植物或花園一角。藉由扮演照顧者的角色，孩子們能夠學到一些東西，不論就學業上來說成功與否，也不論孩子來自什麼樣的背景，每個孩子在面對動物夥伴時的態度都一樣值得稱許。

藉由儀式與照顧動植物的例行工作，蘿拉讓孩子們學會持續不斷地投注關懷。當我們看著生命如何透過週期循環成長茁壯、如何養成，以及眾人如何分工合作，肯定會讓我們在學習上更加投入。面對生命的轉變，盡可能維持某些習慣是很重要的一件事，不論是每天與家人共進晚餐、遛狗或是週末打掃家務。「這些不間斷的活動建立在我們的信賴與承諾上。我們必須能夠相互依靠，否則我們無法信任，對承諾也失去信心，不論對自己或別人。當孩子們滿心期待一件事，期盼所有人可以現身聚會，他們看起來總是雀躍不已，但是如果缺席的人太多，他們的期待便會落空，變得低落、沮喪。這也就不難理解爲什麼有些孩子會將注意力轉向科技產品、電腦、電動遊戲、電視，活在虛擬世界中。」蘿拉嘆口氣說。

蘿拉並非反對科技產品，但是她擔心如果我們太過耽溺於智慧型手機帶給我們的即刻滿足，孩子們將無法學到基本的人際技巧。溝通迅速便利的手機與社群網路儘管能夠帶來立即的滿足，卻無法教導我們溫暖且多半不是用言語表達的安慰藝術。虛擬的人物無法親近我們、擁抱我們。

蘿拉說：「科技產品不可或缺，但是我相信人類跟我們所飼養的寵物一樣，渴望得到直接的關心。如果動物只存在虛擬世界，同樣無法帶給我們這樣的安慰。少了飼主的溫柔撫觸、笑容、聲音、擁抱與陪伴，牠們將備感寂寞。我敢說在我教過的許多學生中，他們與大人們都渴望這樣的慰藉。」

蘿拉回想起自己曾在農場上度過童年時光，如今她試著將相同的經驗複製到教育孩子的方式上。

我在祖父母位於西維吉尼亞山區的農場上度過童年時光，我看到了自然的智慧與安慰。至今，對於成長時期能夠自由在乾草堆上跳躍、攀爬橡樹，以及在樹屋上玩耍，這些回憶仍深植我心。我們在大池塘裡游泳，在柳樹下的溫暖青苔上小睡。我們將豆子、桃子、番茄跟黃瓜裝罐。照顧兩英畝大的菜園，從豐饒的果園裡摘採蘋果、梨子與桃子。我們餵養小雞與小鴨，和一堆貓狗玩在一塊兒。現在回想起來，我眞的非常幸運能在農場上體會到生命的意義。

長遠來看，自然的智慧最終會帶給我安慰的力量。當孩子們見證到生命的循環、季節的遞嬗，以及生命的脆弱與強韌，便更加能夠體會生死。無論如何，生命將生生不息繼續下去，明白這樣的道理令人感到安慰。身爲孩子的指導者，我在祖父母的農場上度過的童年時光，以及從動物身上得到的啓發，幫助我建立起一套教育計畫。

蘿拉給安慰者的建議

藉由與寵物跟植物建立連結，教導孩子學習最重要的安慰特質：

一、**值得信賴**。

如果沒有按時給金魚「小游兒」餵飼料，牠就會跟魚缸內的其他魚打架，製造麻煩。爲了維持魚缸內的和諧，我們必須按時餵養牠。

二、**同理心**。

當鸚鵡「路易」心情沮喪、嘎嘎叫個不停時，孩子們總是會停下手邊的事，仔細聆聽，想找出是什麼事令牠不開心。

三、**溫柔**、**耐心**、**冷靜**。

如果路易持續嘎嘎叫，孩子會安靜下來，停下手邊的事，輕輕走向牠，去瞧瞧牠需要什麼。他們會壓低自己的聲音，語氣輕柔地跟牠說話。在路易感到緊張不安時，如果孩子要把手放到牠的籠子上替牠加水，他們知道必須更加小心和耐心。

四、**留意眼前**。

如果「墨菲」這隻烏龜在屋內慢慢爬行時，孩子們知道必須小心不要踩到牠。如果他們手裡抱著史迪威跟佩圖妮剛出生的兔寶寶，他們必須格外留心與專心，因爲牠們十分脆弱，需要小心呵護。

五、**尊重與感激**。

如果佩圖妮感到疲倦，想要跟寶寶一塊兒休息，孩子們必須尊重牠的需求，不要去打攪牠們。不要去拍拍佩圖妮或是將牠抱起來。

六、**關懷別人**。

墨菲因爲細菌感染生了重病，蘿拉跟孩子們決定小心翼翼地在牠的小腳上注射針劑，挽救牠的生命。幾天下來，每當蘿拉要替墨菲注射藥劑，有個孩子會替墨菲固定住雙腳。孩子們每天聚在一起觀察墨菲的治療狀況。儘管墨菲奄奄一息，最後還是挺了過來，多活了七年的時間。

七、清楚表達與劃清界線。

天竺鼠「歐瑞」在田野間跑了一整天，隔天卻又整天關在籠子裡，對牠來說實在很困惑且壓力太大了。歐瑞的飼主必須維持同一套標準與行爲模式，對於在哪裡玩與如何玩耍的規定，必須保持一致。

蘿拉給家屬的安慰建議

孩子們很喜歡跟蘿拉分享他們樂在其中的活動，特別是跟自然、動物或季節有關的主題。家長如果能夠用心創造這些特別、意義非凡與值得紀念的活動，肯定會讓孩子們感到難忘。簡單的活動安排也能製造共同的回憶。

以下是多年來，蘿拉從孩子們口中聽到他們描述的最喜愛的活動：

- 在裝滿水的塑膠泳池內戲水，或是盛夏的灑水派對！水池聚會可以成爲每年的傳統（通常選在值得紀念的節日）。
- 在暖和的季節前往最愛的自然公園或是當地的沙灘（湖邊、河邊或是海邊都行）來趟野餐或是一日之旅，順道拍些照片。
- 替寵物舉辦生日派對，或是在特殊節日替牠們辦活動，跟牠們一起玩耍。

- 週末時跟狗兒、家人和朋友在後院或是公園玩飛盤或是丟球。
- 以說故事的方式分享寵物或是我們所熟知和喜愛的動物的故事與圖片。
- 在花園、窗邊的小花盆或室內種植植物。舉行種樹儀式。
- 每年替寵物製作影片，拍攝牠們最喜愛從事的活動，完成之後，大夥兒可以一起吃著爆米花觀賞影片。
- 定期或視季節舉辦體育活動。就連前往體育場本身也能當作一種儀式。
- 定期觀看電影，電影散場後一起去享受餐點，聊聊電影或其他。
- 前往博物館看場特別的展覽。
- 每年前往不同地方參觀旅行或是參與遊行活動。
- 參觀歷史古蹟。
- 舉行有趣的服裝表演，放上輕快的音樂，在伸展台上昂首闊步。
- 簡單準備一袋午餐前往圖書館看看書。
- 每年秋天或是感恩節時，準備食物送到當地的慈善團體。

寂靜的光芒

示範者：珍．迪羅斯普 Jen Deraspe

★緬因州迪瑪克市自然渡假村主任與經營者

★珍表示，我們常問道：「要如何與自然連結？」彷彿忘了自己是自然的一部分。我們就是自然，就跟任何樹、花朵或鳥兒一樣。如果我們花點時間沉靜下來，就能夠透過神聖的靜默與生命的源頭再度相連。

重要的安慰特質：平靜與陪伴

兩年前，爲了替《緬因州仕女期刊》（*Maine Women's Journal*）撰寫「信心」（Leaps of Faith）專欄，我開車前往珍位於緬因州西邊的渡假村採訪她。越過滿山楓紅、湍急的小河、深藍色的湖泊，最後才抵達坐落在樹叢間的小木屋。我望著眼前大自然的風貌不斷讚嘆。珍走上前迎接我，帶我到最大的一棟小屋內，指著用餐區與交誼廳，並告訴我客房的位置。簡單優雅的紅棕色松木地板、桌子與牆面，以及剛採下來的野花與蕨類植物，都令我的眼睛一亮。珍用一只藍色茶壺替我倒了一杯薄荷茶。越過桌面，我看到一幅貓頭鷹的照片，不禁深深被吸引。

「那隻貓頭鷹讓我起了一身雞皮疙瘩，不過是因爲被感動。」我對珍說：「我喜歡那對充滿靈性的眼睛。」

珍往後一坐，停頓一會兒，滿心歡喜地望著那幅照片。「照片拍得很美，不是嗎？」

「是啊，是誰拍的？」我急切問。

「不知道。」她似乎覺得無所謂。我們靜默片刻，對貓頭鷹的雙眼投以敬畏又欣賞的目光。

「從這裡可以聽見不遠處貓頭鷹的叫聲。」她輕聲說。

我們分享了其他故事，我覺得自在不少，望著窗外一陣風吹起，刮走樹梢間的枯葉。人們正欣喜迎接秋天的到來。珍看著壁爐旁的柴火堆，而我忍不住問起她的背景。

基於對健康和生活的熱情，珍取得了運動醫學的碩士學位，並在南緬因州大學擔任體能教練長達十年，照顧大學運動員的健康需求。隨著時間過去，她希望能夠爲人們提供更全面的照護，包括將自然視爲療癒的管道。爲了實現這個想法，她辭去工作，開始經營自己的自然渡假村，提供女性從事獨木舟和瑜珈等放鬆身心的去處，另外也提供個人指導的服務。她同時取得緬因州的導遊執照和瑜珈教師的資格。釋放了自我的負面能量後，她興奮地想與世人分享在平靜中發掘的各種可能性。一路下來，她發現拜倫．凱蒂（Byron Katie）的「轉念作業」（The Work）能夠帶領她通往內在的平靜與自由，因而成爲「轉念作業」的推動者。

珍的渡假村提供各式與心靈相關的活動。過去這些日子以來，她把重心放在客製化的服務，幫助客戶「尋求內在與當下的平靜」，並提供休憩所，讓「我們得以滋養靈魂」。她也提供團體或夫妻自行規畫心靈休養計畫的服務，或提供純粹想在林間獨處的人一個單獨沉思的去處。

在我初次訪問的這段時間，珍一直保持沉靜的態度。珍是個溫柔善良的老師，擁有引領我們進入內在、安住當下的天賦。她說到幼年時期面對哥哥的死亡所帶來的強大體驗：

> 我哥哥在我八歲時過世。在他死後幾天，我父親抱著我坐在客廳的昏黃燈光下，我們坐了很久，什麼話都沒說。從此以後，這個寂靜的片刻與感受到深切關懷的經驗，永遠留在我的心中，教會我陪伴的重要性——陪伴同在，而不僅是從某處捎來關懷——這對身爲人類的我們來說，別具意義。我眞心沉浸在這樣的寂靜片

刻，這是提供彼此心靈安慰的基本要件，如此才能眞切擁抱彼此的心。不論一個擁抱或只是靜靜坐在某個人身旁，當神聖的靜默出現，心靈交流，溫暖便在彼此心中傳遞。

近來珍一直想要探索安慰這類主題，特別是自然帶給我們的安慰。我迫不及待想聽聽她對於我們與自然脫節的想法，以及這如何阻礙我們安慰別人的能力。她的答案令我驚訝。「我們常問道：『要如何與自然連結？』彷彿忘了自己是自然的一部分。我們就是自然，就跟任何樹、花朵或鳥兒一樣。就算不是走出戶外，如果我們願意花點時間沉靜下來，就能夠透過神聖的靜默與生命的源頭再度相連。」

「這麼說來，止息與靜默讓自然有機會可以撫慰我們。」我說。

「靜止的片刻也能產生火花，我們靜默下來，就能見到周遭的一切如此生機盎然，以及大自然如何跟我們對話。」

我完全贊同珍的說法。「沒錯，雖然我們也明白這個道理，多數時候卻做了太多，停不下來，錯失品嘗片刻沉默的機會。」

「的確是這樣。」珍繼續說：「這也是爲什麼我開始採用較積極的方式讓自己停下來，每個鐘頭至少安靜一分鐘。一天當中我經常這麼做。這眞的不難，加上科技的協助！我的手錶有個定時裝置，我可以設定每個鐘頭響一次，小小的鈴聲提醒我該是時候停下手邊的事，暫停一下。因此，當我的小鬧鈴響起，就是我平靜的片刻。我讓自己整整六十秒安靜不語，然後再返回眼前的事。這不僅是爲了自己。當鬧鈴響起，我也得到了安慰！」

我仔細聆聽珍說的一字一句。她補充說：「雖然我們想要深入自然，享受森林或山巒之美，但我們很快便發現自己仍帶著俗世的紛擾，無法充分享受大自然帶給我們的安慰。這些內在的紛擾讓我們無法進入當下，正視眼前的自我。」

身處在自然之中，我們必須保持接收的模式，才能將自己從忙碌的思緒中解放出來。散步、瑜珈或是獨木舟，都是放鬆心靈的絕佳方式，這些活動能穩定我們的心神，舒緩身體與心靈，讓不斷運轉的思緒暫時沉澱。就連在林間散步二十分鐘，都能讓思緒獲得平靜。如果身邊有摯愛的人陪伴，停下腳步，沐浴在晨光中，欣賞著金色小雀鳥的鳴叫，分享眞正安慰的片刻。

「這麼說來，妳的角色便是幫助人們學習如何靜默，穩定自己的心，接受自然帶給我們的慰藉。妳教導人們如何敞開心胸，沉浸在自然教給我們的事。」

「沒錯。而且多管齊下。當我們向大自然敞開心靈時，我們學會了人類以外的語言，不論動物、季節、風、天空與水，還有山巒……還有靜默的語言。我們能夠在靜默之中感受到智慧。」

我靜靜坐著，回想自己最愛的樹木。的確，坐在一棵樹齡超過兩百年的老橡樹下，不僅只是坐著而已。我們可以將樹根代表強韌生命力的意象帶進沉靜的片刻，深呼吸，關照它們帶來的力量。我們可以帶著大樹賦予我們的力量，安慰陷入痛苦中的人。

珍的團體安慰實例

自一九九九年以來，珍便不斷協助與指導需要緩下腳步、卸除武裝與沉靜下來的人們。她善於幫助尋求內心平靜的人跳脫忙碌的生活，進入更加簡樸與關照內心的生活作息。在此她提供幾點建議，這些做法能夠廣泛應用在各種團體，也包括自行在家休養心靈的人。

一、**營造歡迎的氣氛：音樂、食物、飲料與鮮花**。

溫暖與放鬆的音樂，家常食物或是幸運餅乾，就連最簡單的花朵擺設，都能營造出讓人覺得舒適的環境。基本上，這些方式都是要傳達出「歡迎加入我們、這裡誠摯歡迎你」的訊息。珍描述她如何替學員準備歡迎的儀式。

「爲了迎接學員入住，我喜歡簡單在花瓶內擺上幾朵花，放置在大廳的桌上跟臥房。晨光中的美麗花朵會讓人忍不住漾起笑容，感覺自己變得柔和起來。接著我會播放一些輕柔的音樂，點上一圈蠟燭。我踩著輕盈步伐在音樂的陪伴下，在搖曳燭光中來回穿梭。學員們陸續抵達後，我從甜美的花香、音樂跟燭光中走出來，誠摯歡迎每個前來的賓客。」

二、善盡身為主辦者或是東道主的角色。

歡迎儀式開始，珍熱情地迎接學員們前來休養生息。她簡短向參與的團體介紹她的背景，以及渡假村的目的，並介紹各項活動。幫助學員了解她的角色和可以提供的幫助，讓學員們感到安心。基本上，這麼做的目的在於幫助學員「明白自己將面對什麼」，因而感到更自在。讓學員們知道什麼能做、什麼不能做，有哪些計畫，有疑問時可以找誰詢問，以及各項設施的位置。主持人（或許不只一人）扮演的是重要的安慰者角色，學員們需要知道事情將如何進行，以及需要時如何尋求協助。

三、表達感謝之意。

珍深信談論我們感激的事物，有助於打破僵局，特別是在用餐之前，或在任何活動開始之前。學員們通常也樂於分享過去幾天或是幾個星期以來他們所感謝的事情，自然而然能夠帶動具有撫慰效果的對話。

同樣的，任何形式的聚會、會議、派對、俱樂部，參與者都可以分享這類暖身的話題。

四、分享前來參與活動的目的。

學員們樂於描述他們前來渡假村的目的，以及希望藉此經驗獲得什麼。他們可以自由選擇要不要透露或是透露多少。一般來說，在會議或是聚會初期，說出自己前來參加的原因以及希望獲得什麼，能夠讓人比較有參與感。

五、朗誦詩篇、祝福話語或是禱詞。

一首短詩、一段經過深思熟慮的祝福話語或是團體祝禱，目的都是爲了讓人們受到感動或是啓發。這麼做能幫助所有人在優美、感人的話語中「獲得共同的感動」。

六、進行戶外活動。

珍會帶領學員們走到戶外，在大自然中尋找安慰的力量。她會告訴他們：「行走時請感覺自己用腳親吻大地，就像腳步輕盈地踩在母親的背上。」她鼓勵人們赤腳行走，感受肌膚接觸著地面。她會帶領學員們沿著山區的溪流以走路的方式進行冥想。她同時也選擇在戶外從事瑜珈教學，如此一來參與者可以徹底放鬆身體與心靈，頭頂著廣闊的天空，腳踩著柔軟的青苔。

多年來，她帶領的學員們特別喜歡在林間尋找心靈角落的活動，他們可以隨意坐在其中，思索生命的課題。尋找各自的歸屬地之前，珍會提供學員們如何跟隨直覺在林中尋找屬地的訣竅：「讓空間召喚你，跟隨磁場前去尋找合適自己的地點。可能是特定的一棵樹、遮蔽的幽谷，或是一片長滿雜草的空地。坐下來思索是什麼原因吸引你前來——是什麼召喚你前來這個地方？你對這地方是什麼感覺？安靜？生機盎然？溫暖？恐懼？這地方如何影響你看待自己目前的處境？」

她會要求學員們描述和心靈角落的互動以及他們的疑問。許多人因此覺得自己不再感到駝著沉重的包袱與苦惱。許多前來園區參與活動的學員們都發現了，他們最後選擇的地點通常都反映出他們需要檢視的某個生活面向。

邀請你一起探索大自然的慰藉

珍建議說：「多花些時間與大自然互動，體會身心的感受。暫時拋開科技和媒體的影響，留意其間的差異。」望著窗外嬉戲的孩童，我回想起珍的這番話，隔壁鄰居的大草坪上，種著蘋果樹、松樹，還有一個小噴水池。四個年齡不滿十歲的孩子正在嬉鬧，彼此追逐尖叫。眼前這一幕眞是充滿歡樂！我帶著笑容望著這群孩子，明白他們在傍晚的夕陽下，在瘋狂追逐的嬉鬧聲裡，找到了珍貴的寶藏。孩子們沿著石牆追逐時，一旁的小山雀唱起了求偶歌。春天就在我眼前。再沒有比眼前這一幕更加令人感到慰藉的風景了。

以下是珍建議的幾個相關活動：

- 在日常作息中安排幾段神聖的靜止片刻。一天至少幾回，花一兩分鐘時間，讓自己停下來，呼吸，完全沉浸在當下。
- 在戶外從事運動或瑜珈，就算散散步也好。當我們走到戶外，能夠呼吸到更新鮮的空氣，夜裡也會睡得更好。
- 在戶外活動遊戲，或在門廊前或草地上鋪條毯子，坐在上面玩紙牌，這些都能帶來樂趣。當我們身在戶外，空間與視野變得開闊。遠離拘束感，敞開心胸，讓心靈更加開放。

- 在戶外或是門廊前用餐，或來場野餐。在花園、林間或是公園找一個可以獨處的空間，與大自然共享獨處的時光，這麼做可以讓我們體會到自己並不孤獨。我們的周遭圍繞著盎然的生機，萬物正在與我們交流。
- 盡可能找機會讓自己赤腳踩在這片土地上，與大地親近，把腳埋進溫暖的沙子裡，或是踩進冰冷的泉水，快意無限的腳讓我們知道活著的感覺眞好！

第九章

關懷他人時，也要好好關懷自己

當熱情掏空時：戰勝「同情疲乏」

就算是最有同情心、慷慨與慈悲的安慰者，有時也會耗盡心力。爲了當個稱職的安慰者，我們往往忘記自己不過是個普通人，也有自己的極限。我們想要像電動玩偶般隨時處在精神滿檔的狀態，但沒多久就會精力耗竭與疲乏。

對我們這些從事人群服務、醫療照顧、教牧關顧、教育與其他關懷領域的人來說，「同情疲乏」是很常見的問題。儘管我們私底下可能會大吐苦水說「那些活受罪的傻子實在很煩」，或是「受夠了那些不知感恩的混蛋」，但我們當中許多人從未放棄陪伴那些需要我們的人。身爲行爲醫學諮商師，我自己的確也經常掙扎於絕望與悲觀的情緒裡，更別說想要保護他人免於傷害的行動經常受挫。就算我堅持全心關懷、做好壓力管理、維持工作與生活之間的平衡與區隔，但安慰的能量還是常常當機。

在這個章節中，我將分享一些從自己與別人的安慰經驗中得到的智慧：當你在照顧他人時，如何也好好照顧自己。

從社群中尋找力量

多年下來，每當我對自己能否勝任安慰者的角色感到懷疑時，幸好身旁都有同事跟朋友爲我加油打氣。這些擁有安慰天賦的人總是在我最需要安慰時，坐下來陪伴我，給我支持，跟著我一起想辦法解決我被澆熄的熱情。不過這些安慰者可不會就這樣出現在我的門外、廚房或是書桌前。我必須向他們發出求救訊號。

有時候就連朋友跟家人也不知道該如何解決我們遭遇的同情疲乏問題。儘管情感上我們經常依賴親友的安慰，但面臨專業壓力與過不去的時候，我們應該主動向外尋求協助，尋找實際上能夠幫助我們建立關係與自信的人脈，形成緊密的連結。同時間，我們也要確保其他跟我們有相同看法與心態的人能夠找到我們，特別是當他們的家人或友人也陷入各自的危機中，沒有辦法提供他們安慰。

以下列出尋找其他安慰者的方式：

一、**自願投入關懷照護或是人道關懷團體**。

食物銀行、動物收容所、醫院、安養之家、癌症支持團體、療養院、遊民之家、老人及幼兒照顧服務，是幾個我們能夠找到志同道合者的地方。

二、**參與支持團體**。

參加支持團體是認識面臨相同處境的人的絕佳場合，很多人在經歷各自的苦難與失落之後，知道如何才能安慰他人。在這類關懷團體中不乏許多很棒的安慰者。團體發起人同樣能夠成爲諮詢的對象，請他們協助提供相關的支持與安慰團體資訊。再者，對安慰者來說，另一項好處在於這類支持團體通常會加強對成員的關照與安慰，幫助尋求慰藉的人照顧好自己。

三、**加入宗教與心靈團體**。

透過同樣對探索心靈成長感興趣的人找到志同道合的夥伴。

四、參與課程、研究、俱樂部，或其他能夠帶來慰藉的事物。

主題包含心靈療癒、園藝、編織、網路、指壓、陶藝、划船、賞鳥，以及其他豐富心靈的活動。（九年前我搬到緬因州時，參加一個當地舉辦的新住戶俱樂部，遇到許多很棒的人，現在還是很好的朋友。）

五、投入專業協會及組織。

在忙碌的工作環境之外，結識安慰夥伴的絕佳方式就是參加定期舉辦的協會活動或是網路論壇（通常會以早／午餐會的方式進行）。與你同桌且看起來態度友善的人，或許樂於與你分享他免於疲於奔命與同情疲乏的良方。

給安慰者的安慰

本書提及許多安慰技巧的建議，都是這方面領域的好手樂於分享的心得。他們不斷強調，安慰就跟維持生命的重要元素氧氣、水和陽光一樣重要，他人的慰藉是我們所有人，包括安慰者與被安慰者，賴以生存的重要依據。同樣的，他們也都提到一個我長久以來觀察到的事實：最好的安慰者通常也能夠從別人受到安慰的經驗中學習。

他們多數人會定期參加支持團體、養身團體、健身俱樂部或是身心發展團體。他們告訴我，加入團體可以結識其他支持者，讓他們學著照顧自己。這群關懷者與安慰者往往也樂於受到其他同伴的鼓舞。

給安慰者的安慰活動與我們提出的安慰指導原則很像。以下是他們提出最受歡迎的自我安慰活動。

保持例行的活動

每天早上固定沉思、冥想和打坐，對安慰者來說獲益良多。他們通常認眞看待早上這段時光，爲開啓一天的工作預作準備。

亞莉安．多蒙帝在每天前往梅耶中心工作前，會充分享受她的晨起時光。「我會坐在父親的舊搖椅上，喝杯熱茶作爲一天的開始。然後閱讀一些具啓發性的作品，接著替我關心的人以及跟我不熟的人禱告。坐在這張椅子上，我感覺到父親懷抱著我。他躲過卡崔娜颶風的侵襲，卻在隔年不幸喪命。他在世前最後幾個月，搬來羅徹斯特跟我同住，它很喜歡這把花十塊錢美金從跳蚤市場買來的搖椅。卡崔娜颶風帶走他所有的一切，他很驕傲能夠買下這張椅子。每天早上當我坐在這張搖椅上，我便會懷念父親，感受到他的精神與我同在。」

每天早上派翠西亞·艾倫抵達兒童悲傷治療中心開始工作前，會花點時間進行冥想：「我會以冥想作爲一天的開始，搓揉自己的雙手，放鬆自己。我會想想自己是否應該調整步調，並安慰自己一番。我必須花點時間自我安慰，或是讓別人能夠安慰我。我承認自己習慣安慰他人而非自己。但我有幸認識許多善於安慰別人的好手，他們是我敬愛的人，也是很好的工作夥伴。」

霍爾·沃夫從啜飲早晨的第一杯咖啡中得到慰藉。他告訴我們：「我很喜歡起個大早，靜靜地與妻子坐在一塊兒喝杯咖啡，等著天色慢慢變亮。一杯咖啡過後，我們分享彼此的夢境——前一天晚上或是其他夜裡做過的夢。我們喜歡聆聽好夢與惡夢的細節，因爲夢境反映我們的內在。聽起來似乎沒什麼，但喝杯咖啡、聊聊夢境，卻是我們最感安慰的片刻。」

沉靜片刻，專注精神與禱告

傑夫·李維在一家忙亂的退伍軍人醫院擔任護理師，他在工作時會短暫停下手邊的工作，爲自己重新注入能量，每次約莫三分鐘。他把這段珍貴的時間用來祈禱。「當我需要安慰的時候，我必須先獨處一會兒，沉思片刻，問自己：『我從這次的經驗中學到什麼？』或者『我今天該以何種方式安慰自己？』讓自己沉澱下來，心裡想著摯愛的對象，不論他們是否在世。」

艾莉西亞·瑞森的工作經常需要與警察跟被害人接觸，一整天下來，她經常會祈禱。「我花了很多時間禱告，禱告的時間愈多，就愈相信上帝要我去服務其他身陷痛苦的人。禱告是爲了提醒我自己活著的目的。對我來說，藉由服務他人，我的禱告便應驗了。安慰別人是我回應上帝召喚的方式。我深信上帝的安排有其道理，我從中獲得安慰，我是有目的的活著。」

梅耶醫療中心的亞莉安則分享她如何在工作中集中精神：「爲了加強身爲安慰者的能力，我必須練習專注的技巧，讓自己冷靜下來。當我感覺到沮喪時，必須讓自己暫停下來，深呼吸，往後退一步，凝視病人與照顧者的眼睛。我另外以艾儂團體（Al-Anon）教導的十二個步驟，讓自己緩下腳步，重新出發。我必須留意那些會引起情緒反彈的弱點，知道自己的界線在哪裡，什麼時候應該退開與休息。再次強調，如果我不懂得關照自己，溝通很可能越了界與受阻礙。」

閱讀具啓發性與娛樂性的書

書中介紹的所有安慰導師都有他們最喜歡閱讀的作品，其中包括激勵人心的回憶錄、自傳、詩集、短篇故事與日誌。他們經常閱讀這些作品，仔細想著字裡行間的意思。

霍爾喜歡閱讀湯瑪士・摩爾（Thomas Moore）的《靈魂的關照》（*Care of Soul*），以及其他指引他聆聽內在的著作，還有歷經磨難、帶給人啓發的回憶錄。派翠西亞喜歡閱讀瑪莉・奧利佛（Mary Oliver）啓發人心的詩集，以及蒐集能夠給家屬帶來慰藉的漂亮童書。身爲藝術治療師的潘蜜拉・布朗特已經讀過聖修伯里的《小王子》（*The Little Prince*）不知幾回，並且從背誦莎士比亞的十四行詩裡找到樂趣。

亞莉安・多蒙帝則喜歡研讀聖經故事。「最近我發現有件事竟能讓我從中獲得安慰。這是頭一回，我仔細看了約伯的聖經故事，發現這個古老的故事傳達了耐心與信念。我常不自覺落入陋習，只想要即時獲得滿足，失去等待的耐心。我這輩子都缺乏耐性，而聖經的預言故事竟讓我從中找到自我慰藉的力量，提醒我耐心的重要。」

艾美・韓蒂是個陶藝家，喜歡閱讀可以暫時逃離現實的輕文學作品。她最喜歡的作家是珍妮佛・庫斯（Jennifer Crusie），她甚至喜歡聆聽異鄉人（Outlander）系列的有聲書。「這些角色遭遇的荒謬情境幫助我應付每天面對的各種問題。我最喜歡的作品當中那些光怪陸離的事情，並不比我每天面對的事還要難纏。不過這些故事總是令我大哭大笑，並以同樣的樂觀角度看待生活中的遭遇，讓我得到一絲解脫。」

享受與家人相處的時光

傑夫・李維告訴我們放鬆心情跟孩子們或是寵物一起玩耍的重要。他喜歡抱起他的小傢伙們，緊緊抱住他們。「我們應該花時間去玩，就算裝傻也不要緊。否則我們會陷入把事情看得太過嚴肅的壞習慣。我在辦公室裡擺放了孩子們跟寵物的照片，提醒我隨時放鬆心情。」

安慰專家韋克斯夫婦擅長以療癒犬撫慰人心，他們也贊同傑夫的看法：「我們最大的消遣就是看著我們飼養的狗兒們玩成一團——堪稱最佳的餘興演出，而且免費！」

亞莉安．多蒙帝跟我們分享她最愛跟家人相處的片刻，包括：聆聽兒子艾倫說話，望著他臉上的笑容；聆聽兄弟與外甥談話的內容；聆聽繼子萊恩的笑聲；聽著丈夫與繼子納森說笑話然後開懷大笑。

欣賞大自然的美景

所有的安慰導師都喜歡沉浸在大自然中。每個人都喜歡靜靜散步到他們最愛的地方，不論與所愛的人一起去或獨自前往。艾莉西亞．瑞森喜歡家鄉維吉尼亞州里奇蒙附近的詹姆士河，她經常前往那個地方充電。「我每隔幾天就會前往美麗的詹姆士河。我會帶張小板凳，坐下來，望著河流以及沿著瀑布流下的小碎石。坐在河流旁令我感覺心靈受到了撫慰。」

潘蜜拉．布朗特說自己喜歡在大自然中漫步。「我很喜歡去散步，即便是短短十分鐘也好。很快我便能因此重振精神。天空總是瞬息萬變，大地總是添上新色，提醒我萬物流動變化、生生不息。宇宙萬物支持著我們，當我們感覺到恐懼或困頓，只要片刻時間，仰望天空、樹木或是草地，就能夠重新找回力量。」

感恩實踐

簡單練習感恩，例如寫下一段感謝信函、用餐前說一段感謝詞，或是在網路上貼上一段懷抱感恩的想法，都是獲得安慰的常見方式。

專業說故事者以及曾擔任過諮商師的李斯．薛佛堅信感恩的力量，在此分享他在二〇〇九年一月十五日所寫的訊息內容，信中列出來的感恩事項讀來令人動容：

親愛的朋友：

我今天要感謝的事分別是：

一、過去兩天來，收到許多很棒的訊息。二、你們的訊息提醒我，我所面臨的問題不會殺了我，它在我的控制中，而與他人交談有助緩解症狀。三、背部的拉傷持續好轉，今天下午我會前往運動中心做些輕量的健身運動和一些伸展運動。四、我在臉書上找到許多有趣的連結，幸虧電腦還沒當機。五、今天電腦掛掉前，我在臉書上連結了一個新朋友。六、背痛症狀舒緩，昨天晚餐料理了一道香煎鮭魚佐南瓜泥跟蘆筍。七、感謝河裡依舊能捕到野生鮭魚，土裡長出蘆筍。八、我在自己的菜園裡學到種植蘆筍需要耐心，櫛瓜教會我豐饒富足的喜悅。九、至今，我仍不會因爲今年冬天／春天忙碌的演出與課程安排感到焦慮，儘管事情仍在持續進展中。十、說到這個，今年春天我受邀前往葛倫艾倫文化藝術中心的藝術季參與演出。十一、穿上長袖內衣、法蘭絨襯衫跟羊毛衫，讓我能在寒氣逼人的屋子裡舒適地工作，而不用老是調高暖氣溫度。十二、我訴說不盡對女兒的感激之情，今天是她四十三歲生日，但彷彿她昨天才在一個大雪紛飛的午後呱呱墜地，體重只有幾盎司，是個早產兒。她出生時只有我的巴掌大，現在我反倒需要她的照顧。十三、我依然健在，成爲女兒生命中與大家族的一員。

未完待續，李斯

保留令人安慰的紀念物

不論對方是否仍在世，保存對方留下的紀念小物，能夠帶來深深的慰藉。諸如照片、藝術作品、卡片、織被、珠寶或是其他特別的物品，讓我們所愛的人的精神跟我們同在，特別是在忙碌的工作中。

亞莉安告訴我：「我經常在左手手腕上戴著父親的手錶，右手則戴著母親留給我的戒指（她是卡崔娜颶風的倖存者，現在還住在紐奧良北部）。隨身帶著這些物品，讓我經常想起他們，感覺到他們撫慰著我。其他家人的紀念物品與照片也爲我帶來安慰。」

與親友共享餐點和聚會

書中這些安慰導師都喜歡做菜、分享美食以及享用美食。與朋友和家人坐下來一塊兒享用食物，對每個人來說都是安慰排行榜中的前十名。

艾莉西亞笑著說：「我喜歡邀請朋友來我家，一起坐在門廊前，喝著冰茶，享用自製的點心。不過說眞的，我最愛的還是跟友人一起去餐廳聚餐。」

李斯笑談他的廚藝：「把做好的晚餐端上桌，看著他們挖取食物，互相傳遞餐盤，就是最令我感到安慰的事。」

音樂

音樂對安慰者來說是不可或缺的。所有的安慰導師都告訴我，他們每天都會聽上一段音樂，感受音樂對內在能量與情緒的影響。許多人在見客戶或是病患前，會審慎挑選適合的音樂。霍爾喜歡聽普圖瑪攸世界音樂（PutumayoWorld Music）發行的唱片和賽門跟葛芬柯（Simon and Garfunkel）的專輯。亞莉安最愛歌手圖茨（Toots）、梅托斯（Maytals）和威利・尼爾森（Willie Nelson）。身爲心理治療師的潘蜜拉，返家後會彈奏蕭邦的曲目放鬆心情。派翠西亞則是喜歡聽鄉村音樂。

藉由宗教、文化和不同時期的歷史認識其他人

安慰導師們都提到他們如何從不同的文化和宗教裡，了解其他人的觀點。許多人喜歡看紀錄片，讓他們對其他國家的處境有一定程度的理解。他們認爲對這個地球上的其他民族正在經歷的事有所了解，有助於他們體會其他人的苦難。簡言之，全球化帶來觀看各地議題的不同角度，不論是經濟、環境與社會變遷。

霍爾說他喜歡認識來自不同文化的人，找尋「彼此的共通點」，而且還喜歡旅遊跟探險。

艾莉西亞也說：「我不太常看電影或是電視節目，不過我很喜歡看報紙和新聞頻道。這對有些人來說或許很奇怪，不過知道世界上其他角落的人正在經歷什麼事，讓我感到安慰。當我聽到中國或是非洲發生的事，我會感覺到與世界合而爲

一，身爲大家族的一份子。這讓我跳脫自己人生中的小問題，放大視野。而這便是安慰。你很可能會看到許多悲慘的遭遇，但是當你看見苦難下孩童純真的臉龐，就會感到這個世界仍有一絲希望。」

亞莉安則說學習新事物爲她帶來安慰，她對於其他國家的人都如何生活打從心底感到好奇。「學習新鮮的事物是一件可以激勵人心的事——新的發現或是新藥問世，或是其他地區的人如何面對他們的問題等有趣或是啓發人心的新聞，都令我感興趣。」

傑夫是個歷史迷，他喜歡以前人的觀點來分析現況。他經常面對退伍老兵，也喜歡從他們的角度來看事情。他喜歡觀看三〇、四〇年代的電影，包括過去的新聞片段，而他最喜歡的一部經典電影是《蘇利文一家》（*The Fighting Sullivans*）。「這部電影告訴我們團結的重要。可憐的父親過世後，兒子們也走了，蘇利文仍必須返回工作崗位。他從關懷同袍與好友中找回兄弟與父子情誼。」

從事耗費體力的運動或是工作

能量醫學、瑜珈、按摩與武術都能帶來安慰，特別是長久以來忽視身體發出的警訊的安慰者。固定從事這些運動能夠幫助我們了解身體的極限。懂得「說不」對安慰者來說也很重要，但這並不表示我們可以忽視身體傳遞的訊息，包括什麼能做、什麼不應該嘗試。

安慰無處不在：門外的天使

一九九〇年代中期，我對天使簡直是著了迷，瘋狂收集印有天使的卡片、月曆、音樂和故事。當時我在維吉尼亞州里奇蒙的一家醫院的腫瘤科擔任術後諮商師，天使簡直成了我的最佳安慰典範。我還夢想自己將來會有孩子，對她疼愛有加。

不幸的是，我在這段期間得知自己的卵巢發育不全，這輩子無法有自己的孩子。得知這個噩耗後兩個月，八月的一個星期五午後，我跟其他三百名員工遭到裁員，因爲醫院要縮編。當時我感到孤立無援，覺得自己沒辦法像其他「正常的女人」一樣生活。最重要的是，我一直在悲傷中走不出來。

裁員隔天是週末，我丈夫因爲工作關係必須出差，我在家中哭了一整天。那些描述天使的書籍跟音樂再也無法帶給我任何安慰。我向上帝禱告，請祂送我一個眞正的天使，我願意接受天國傳達給我任何的啓示。

此時，門鈴響起。我的天啊，這個時候會是誰來？我納悶著，心想不可能會是眞的天使出現。我記得我還嘲笑自己說，妳這個笨蛋！

在我下樓應門前，我瞥了一眼鏡中的自己。面色蒼白、頭髮蓬亂，兩頰還有淚水的痕跡，我迅速掀起衣角擦拭臉龐。

當我走到門邊，透過門上的小洞往外看，只看見一個瘦小、渾身流汗、穿著骯髒上衣和泥濘鞋子的男子。他肯定是替鄰居整理草坪的工人。他來按我的門鈴幹嘛？我感到些許不耐，不想開門。但我還是開了門，走到門前，在悶熱的午後跟他交談，我看到他身邊站著一隻黃金獵犬，牠盯著我瞧，猛搖著尾巴。男子帶著笑容，禮貌性問我：「這是妳的狗嗎？」

「不是。」我下意識回答，被狗兒友善的眼神給吸引。

男子以生澀的英文說：「我在找……狗主人。」

「很抱歉，我不知道牠的主人是誰，我沒有養狗。」

狗兒喘著氣，男子目光溫柔地望著身旁的狗說：「可不可以給牠一些……」

「水嗎？你認爲狗兒想要喝水？」

「是的。」他點點頭。

「你要不要也喝點水？」我問男子。

「好啊，謝謝妳。」

「等我一下。」我帶了一碗水給狗兒，也遞給男子一杯水。他們站在我的前廊喝起了水。我這才發現自己也覺得口渴。

男子再次向我道謝，我問他還需要我幫什麼忙。「要不要我打電話替你問問看？你還要喝水嗎？」

「不用了，謝謝……我知道找誰幫我，他有車。」

「好。對了，你這麼做真的很好心，希望你順利找到狗主人。」

他點點頭，迅速離開，狗兒自動跟在男子身邊。

我關上門，站在走廊發愣。十分鐘前，我還絕望地向上帝禱告，祈禱有個聰慧、發光的天使降臨在我的面前。但是出現在我面前的是一個謙卑的男子，在大熱天裡帶著一隻迷路的狗狗。我應該懷疑對方的動機，他可能假藉狗的名義幹出什麼壞事？但是我反而受到他的善心和狗兒的善良所感動，立刻相信對方說的話。我走到廚房，替自己倒了一杯水，將冰涼的水喝下肚。

這個陌生人會是我的天使嗎？我不知道。但看見男子對狗的善行，讓我確信這個地球上仍存在令人感到安慰的事，即便不是從天國帶來的。安慰的藝術可以透過人心的交流而傳遞——某個陌生人也能夠在我們絕望時爲我們帶來安慰。你要怎麼知道自己什麼時候會收到訊息？只要聆聽你的心，永遠記得安慰隨時都在，我們絕對不會孤單。

第五部 實用的安慰指南

如果我們對於人性的墮落感到不安，
就必須去見證一連串勇氣的展現。

本書最後一部提供安慰者一些想法、建議、資源以及實用的技巧，我將這些內容分成三個部分。

第一部分：具有療癒效果的電影、書籍和音樂

以下提供的電影、書籍、音樂、電視節目以及 YouTube 影片，都是人們告訴我對他們具有療癒效果的。清單內容則來自我十六年來帶領過的支持團體中的數百名學員，也包括演講的聽眾給我的回饋，以及教授安慰的藝術這門課程時得到的資訊。爲了方便查找，我將這些資訊分門別類爲電影、書籍和音樂，讓人更加一目瞭然。

這份清單只供參考，並非無所不包、不容更動。沒有哪部電影、回憶錄或歌曲百分百可以帶來慰藉。我希望讀者們能發揮想像力和智慧從中篩選，花些心思和直覺選擇合適的內容提供給需要慰藉的人。希望這份以輕鬆的方式歸納出來的心靈清單，能夠幫助需要慰藉的個人或團體。

第二部分：安慰 A to Z

腦力激盪一下，想想這世上還有什麼方式可以提供安慰。在此列出的這些安慰

劑，是爲了幫助我們放鬆，以及讓聚會的氣氛變得自在。（我在此邀請所有讀者也擬出一份屬於你個人的安慰清單。）這種做法不禁讓我聯想到電影《眞善美》中一首很棒的歌曲〈我最喜愛的事物〉（My Favorite Things），我把這些個人發想以A到Z的字母排列方式列出來。

第三部分：安慰資源共享以及建議網站

這裡提供一些以撫慰人心爲宗旨的網站資訊與瀏覽建議。再次說明，我希望藉由這份清單啓發並刺激一些想法，並不是要做到無所不包。經過我挑選的網站具有瀏覽方便、組織完整、內容中肯以及隨時更新的特點，它們就像是提供資訊交換的平台，以及相關資源的指南。

具有療癒效果的電影、書籍和音樂

過去五年來，我不斷在收集能夠撫慰人心的電影、書籍、電視節目、YouTube影片與音樂。這些清單反應出眾多學員、演講者、同事以及數百位參與演講的聽眾們的心聲，代表他們從中獲得的力量。在收集和組織這些資料的過程中，有些主題、類型與風格不斷被提到，顯示普世的安慰價值。另外，我也對暢銷書、熱門電影、音樂和電視節目做了一番研究，舉凡Amazon、IMDb、告示牌與其他排行榜都在研究範圍內。

我發現能夠撫慰人心的故事或是歌曲，最重要的標準在於傳遞正面的訊息，帶給我們希望。希望和努力可以幫助我們度過人生的風暴——許多電影、書籍以及帶給人們啓發的新聞片段，一再證明了這一點。飛機駕駛可以將飛機安全降落在哈德遜河上、黑人也能當選總統、貧民窟的孩子也會出頭天、毒犯勒戒成功重新做人。如果我們對於人性的墮落感到不安（不論就經濟、環境、道德與軍事層面而言），就必須去見證一連串勇氣的展現。許多故事與歌曲帶給我們信心與支持，我們鍾愛的主角最後將以智慧戰勝一切，不單憑一時之勇，內在與外在同樣散發出力量。這不表示我們總是希望故事有個美好的結局，但至少要是個讓人覺得「內心受到慰藉」的結尾，角色們戰勝逆境，通過挑戰。

藝術的慰藉在於，就算我們歷經角色的忿怒、歌曲中的吶喊，或是畫作中的強烈情感，我們的心靈最後還是會跟著提升。不論怪誕、搞笑、振奮人心、帶給人勇氣、具啓發性的故事，透過不同的滋養方式，我們的靈魂得到慰藉。這股力量帶給我們能量、使我們平靜，或者也許是令我們捧腹大笑。我把這些滋養的形式以不同方式、主題和類別加以區分。主題可能是晦暗的，只要故事裡的角色最後能夠戰勝黑暗。

以下六大類的作品都充滿積極向上的氛圍與正面能量。觀看這些作品以後，人們會被感動、安慰與啓發。

我沒有把悲劇納入其中，儘管悲劇本身也很動人且重要。許多人看完悲劇後深受感動，但是悲劇對多數人來說無法帶來安慰（儘管悲劇本身有其療癒人心的方式）。所以，抱歉了，《登峰造極》（*Million Dollar Baby*）、《從海底出擊》（*Das Boot*）、《神祕河流》（*Mystic River*）、《歡樂之家》（*The House of Mirth*）、《美國心玫瑰情》（*American Beauty*）、《險路勿近》（*No Country for Old Man*），還有其他優秀的電影，將不會在這裡出現！

經典帶來的療癒：從感動人心到引人發笑

有些東西讓人只想窩在毯子裡看，慵懶地躺在沙發上，喝杯熱巧克力，什麼都不必做。以下列出的經典名單，不必太費神思考，就能夠提供絕佳的娛樂效果。當我們一整天下沒有任何笑容，藉由觀看這些書籍或影片，可以讓我們開懷大笑、驚嘆或會心一笑。

- **安慰特質**：有趣、詼諧、令人開心、鼓舞、娛樂、安心自在、平常心、簡單。
- **撫慰人心的經典影片**：

《艾蜜莉的異想世界》（*Amelie*）	《清秀佳人》（*Anne of Green Gables*）	《王牌大賤諜》（*Austin Powers*）（很搞笑，或許對有些人來說太低俗）
《我愛貝克漢》（*Bend It Like Beckham*）	《人狗對對碰》（*Best in Show*）	《閃亮的馬鞍》（*Blazing Saddles*）
《福祿雙霸天》（*The Blues Brothers*）	《第凡內早餐》（*Breakfast at Tiffany's*）	《火戰車》（*Chariots of Fire*）
《新天堂樂園》（*Cinema Paradiso*）	《獨領風騷》（*Clueless*）	《艾瑪姑娘要出嫁》（*Emma*）
《情迷四月天》（*Enchanted April*）	《翹課天才》（*Ferris Bueller's Day Off*）	《夢幻成真》（*Field of Dreams*）
《妳是我今生的新娘》（*Four Weddings and a Funeral*）	《魔鬼剋星》（*Ghostbusters*）	《格雷戈里的女友》（*Gregory's Girl*）
《今天暫時停止》（*Groundhog Day*）	《偷穿高跟鞋》（*In Her Shoes*）	《風雲人物》（*It's a Wonderful Life*）
《等愛的女人》（*Ladies in Lavender*）	《地方英雄》（*Local Hero*）	《愛情不用翻譯》（*Lost in Translation*）
《百萬小富翁》（*Millions*）	《B咖妙管家》（*Miss Pettigrew Lives for a Day*）	《我的希臘婚禮》（*My Big Fat Greek Wedding*）

《勸服》（*Persuasion*） （一九九五年電視迷你影集版）	《快樂小天使》 （*Pollyanna*）	《傲慢與偏見》 （*Pride and Prejudice*）
《窗外有藍天》 （*A Room with a View*）	《奔騰年代》 （*Seabiscuit*）	《人魚傳說》 （*The Secret of Roan Inish*）
《理性與感性》 （*Sense and Sensibility*）	秀蘭．鄧波爾 （Shirley Temple）相關電影	《修女也瘋狂》 （*Sister Act*）
《少女十五十六時》 （*Sixteen Candles*） （以及其他約翰．休斯執導的影片）	《西雅圖夜未眠》 （*Sleepless in Seattle*）	《哈啦瑪莉》 （*There's Something About Mary*）
《托斯卡尼豔陽下》 （*Under the Tuscan Sun*）	《當哈利碰上莎莉》 （*When Harry Met Sally*）	《冬天的訪客》 （*The Winter Guest*）

- **YouTube中的經典影片：**

《接受挑戰》 （*Challenge Day*）	《父愛》 （*A Father's Amazing Love*）	《免費擁抱運動》 （*Free Hugs Campaign*）
《善行義舉》 （*Random Acts of Kindness*）	《站在我身邊》 （*Stand by Me*）	

• 撫慰人心的經典電視節目：

喜劇頻道（Comedy Central Channel）	《危險境地》（*Jeopardy*）	《六人行》（*Friends*）
《歡樂酒店》（*Cheers*）	《兩個胖女人》（*Two Fat Ladies*）	《金牌馴狗師》（*Dog Whisperer*）
《安迪葛里菲斯秀》（*The Andy Griffith Show*）	《卡蘿伯納特秀》（*The Carol Burnett Show*）	《豆豆先生》（*Mr. Bean*）
《天才小麻煩》（*Leave it to Beaver*）	《羅伊與馬丁喜劇秀》（*Laugh-In*）	《辛普森家庭》（*The Simpsons*）
《慾望城市》（*Sex and the City*）	脫口秀節目（例如歐普拉、艾倫、大衛・賴特曼）	《舞林大會》（*Dancing with the Stars*）
《舞林爭霸》（*So You Think You Can Dance*）		

• 撫慰人心的經典音樂類型：

包括輕搖滾、輕古典（吉他、長笛、豎琴）、民謠或傳統音樂、輕爵士、鄉村音樂。

《奇異恩典》（*Amazing Grace*）	《天使》（*Angel*）莎拉・克勞克蘭（Sarah McLachlan）	《美麗的》（*Beautiful*）克莉絲汀・阿奎萊拉（Christina Aguilera）

《美好的一天》（*Beautiful Day*） U2	《惡水上的大橋》 （*Bridge over Troubled Water*） 賽門與葛芬柯（Simon and Garfunkel）	《召喚天使》（*Calling All Angels*） 珍・西貝瑞、凱蒂連 （Jane Siberry、K.D. Lang）
《拋開煩憂，要開心》 （*Don't Worry Be Happy*） 巴比・麥菲林（Bobby McFerrin）	《讓它去》（*Let It Be*） 披頭四	《破曉》（*Morning Has Broken*） 凱特・史帝文斯（Cat Stevens）
《活出自我》（*No Such Thing*） 約翰・梅爾（John Mayer）	《說你想說的話》（*Say What You Need to Say*） 約翰・梅爾	《伸出你的手》（*Reach Out and Touch—Somebody's Hand*） 黛安娜・蘿絲（Diana Ross）
《搖撼樹木》（*Shaking the Tree*） 彼得蓋布瑞爾、約蘇（Peter Gabriel、Youssou N'Dour）	《展笑顏》（*Smile*） 納京高（Nat King Cole）	《站在我身邊》（*Stand by Me*） 班伊金（Ben E. King）
《來自星星》 （*We Are All Made of Stars*） 墨比（Moby）	《當你對著星星許願》 （*When You Wish Upon a Star*） 克里夫・艾德華茲（Cliff Edwards）	《陪伴身邊的好友》（*You've Got a Friend*） 詹姆士・泰勒（James Taylor）

● **撫慰人心的歌手：**

披頭四 （The Beatles）	唐納文 （Donovan）	亞特・葛芬柯 （Art Garfunkel）
諾拉・瓊斯 （Norah Jones）	納京高 （Nat King Cole）	肯尼・羅根斯 （Kenny Loggins）
威利・尼爾森 （Willie Nelson）	麗茲・史朵利 （Liz Story）	Windham Hill 旗下藝人的音樂（從爵士、民謠到新世紀音樂都十分療癒人心）

• 撫慰人心的經典書籍：

《心靈雞湯》系列（*Chicken Soup for the Soul*）	《安慰杯湯》系列（*A Cup of Comfort*）	《圖書館裡的貓》（*Dewey: The Small-Town Library Cat Who Touched the World*） 薇琪．麥蓉（Vicki Myron）
《享受吧！一個人的旅行》（*Eat, Pray, Love*） 伊莉莎白．吉爾伯特（Elizabeth Gilbert）	《至喜地圖》（*The Geography of Bliss*） 艾瑞克．韋納（Eric Weiner）	《來自大海的禮物》（*Gift from the Sea*） 林白夫人（Anne Morrow Lindbergh）
《需要我的話，我就在身邊》（*Here If You Need Me*） 凱特．布瑞斯普（Kate Braestrup）	《餐桌上的智慧》（*Kitchen Table Wisdom*） 瑞秋．納歐米（Rachel Naomi Remen）	《過足未過的日子：實現未竟之夢，圓滿下半階段人生》（*Living Your Unlived Life*） 羅伯特．強森、傑瑞．魯爾（Robert Johnson、Jerry Ruhl）
《簡單豐富：安慰與喜樂日誌》（*Simple Abundance: A Daybook of Comfort and Joy*） 莎拉．班．布烈特納（Sarah Ban Breathnach）	《我熟知的地方：安慰之詩》（*This Place I Know: Poems of Comfort*） 喬治亞．赫德（Georgia Heard） （適合孩童與青少年閱讀，特別為了九一一事件所創作，但適用於各種安慰場合）	

- **撫慰人心的小說：**

《小王子》（*The Little Prince*） 聖修伯里（不僅適合孩童閱讀）	《傲慢與偏見》（*Pride and Prejudice*） 珍・奧斯汀（Jane Austin）	《托斯卡尼豔陽下》（*Under the Tuscan Sun*） 芙蘭西絲・梅耶思（Francis Mayes）
伍德浩斯（P. G. Wodehouse）的幽默作品		

- **撫慰失親與哀悼者的書籍：**

《卿卿如晤》（*A Grief Observed*） 路易斯（C.S. Lewis）	《摯愛離開後該如何繼續生活》（*How to Go On Living When Someone You Love Dies*） 特瑞絲・蘭多（Therese Rando）	《失去了所愛生命該如何繼續》（*How to Survive the Loss of a Love*） 彼得・麥可威廉斯、哈洛・布魯姆菲爾德、梅爾巴・柯爾洛夫（Peter McWilliams、Harold Bloomfield、Melba Colgrove）
《必經的失落》（*Necessary Losses*） 茱蒂絲・韋爾斯特（Judith Viorst）	《哀悼時光》（*A Time to Grieve*） 卡洛・史陶德（Carol Staudacher）	《了解你的悲傷》（*Understanding Your Grief*） 艾倫・沃菲爾特（Alan Wolfelt）
《好人遭遇不測》（*When Bad Things Happen to Good People*） 拉比・哈洛德・庫納（Rabbi Harold Kushner）		

撫慰孩童的經典清單

●好用的電影

爲幫助引導孩子與家長選擇合適的電影，我推薦提布爾（Ty Burr）所撰寫的書《適合全家的經典電影：闔家觀賞指南》（*The Best Old Movie for Families: A Guide to Watching Together*）。

還有前往 Belief Net 網站，瀏覽妮爾．米諾（Nell Minow）所寫的 Movie Mom，家長能夠在網站中找到撫慰孩童以及適合孩子或青少年觀看的最新電影資訊。妮爾另外編撰一份創新主題的電影推薦清單，幫助家長替孩子篩選合適的影片。

根據我詢問過上百名觀眾所得到的結論，最適合闔家觀賞、撫慰人心的電影是《海底總動員》。也有許多人提到《天外奇蹟》在處理失親方面的議題十分撫慰人心。電影中最感人的一幕，是小男孩描述他最想念與所愛的人相處的時光：不是一起經歷刺激的冒險，而是共享平凡的生活。現實生活的確如此，平凡的時光與簡單生活比我們所以爲的更能帶來安慰。

《海底總動員》（*Finding Nemo*）	《哈利波特》系列（*Harry Potter*）	《超人特攻隊》（*The Incredibles*）
《獅子王》（*The Lion King*）	《歡樂滿人間》（*Mary Poppins*）	《歡樂音樂妙無窮》（*The Music Man, 1962*）
秀蘭・鄧波爾（Shirley Temple）相關電影	《瓦力》（*WALL-E*）	《巧克力冒險工廠》（*Willy Wonka and the Chocolate Factory, 1971*）
《天外奇蹟》（*Up*）		

• 適合孩子閱讀的經典書籍

一到三歲的孩子

《波頓的動物套書》（*Boynton's Greatest Hits, Volume I, II*） 珊卓拉・波頓（Sandra Boynton）	《棕熊、棕熊，你看到了什麼？》（*Brown Bear, Brown Bear What Do You Sea?*） 比爾・馬丁（Bill Martin, Jr.）	《晚安月亮》（*Goodnight, Moon*） 瑪格麗特・韋斯・布朗（Margaret Wise Brown）
《拍拍小兔》（*Pat the Bunny*） 桃樂絲・孔哈爾德（Dorothy Kunhardt）	《猜猜是誰？》（*Peek-a-Who?*） 妮娜・拉登（Nina Laden）	《小狗抱抱》（*Snuggle Puppy-Boynton on Board*） 珊卓拉・波頓（Sandra Boynton）

四到八歲的孩子

《亞歷山大衰到家》（*Alexander and the Terrible, Horrible, No Good, Very Bad Day*） 茱蒂絲・韋爾斯特（Judith Viorst）	《孩子的詩歌花園》（*A Child's Garden of Verses*） 羅伯特・路易斯・史蒂文森（Robert Louis Stevenson）	《克里佛德的第一個下雪天》（*Clifford's First Snow Day*） 諾曼・布瑞德偉爾（Norman Bridwell）

《青蛙跟蟾蜍是好朋友》 （*Frog and Toad Are Friends*） 亞諾．羅伯（Arnold Lobel）	《喬治與瑪莎》 （*George and Martha*） 詹姆士．馬薛爾（James Marshall）	《猜猜我有多愛你》 （*Guess How Much I Love You*） 山姆．麥可布瑞特尼 （Sam McBratney）
《蘇斯故事集》（*A Hatful of Seuss*） 蘇斯博士（Dr. Seuss）	《麥可和他的蒸汽怪手》（*Mike Mulligan and His Steam Shovel*） 維吉尼亞．柏頓（Virginia Lee Burton）	《一百萬隻貓》（*Millions of Cats*） 汪達．蓋格（Wanda Gag）
《堅果殼書房》（*The Nutshell Library*） 莫瑞斯．山達克（Maurice Sendak）	《奧莉維亞》（*Olivia*） 伊恩．弗爾克納（Ian Falconer）	《月下看貓頭鷹》（*Owl Moon*） 珍．約藍（Jane Yolen）
《彼得兔故事集》 （*The Tales of Peter Rabbit*） 碧翠絲．波特（Beatrix Potter）	《邦妮的十件優點》（*The Tenth Good Thing About Barney*） 茱蒂絲．韋爾斯特（Judith Viorst）	《絨毛兔傳奇》（*The Velveteen Rabbit*） 瑪吉瑞．威廉斯．比安卡（Margery Williams Bianco）

九到十二歲的孩子

《泰倫、魔域、神劍》 （*The Book of Three*） 李歐里．亞歷山德（Lloyd Alexander）	《夏綠蒂的網》（*Charlotte's Web*） 懷特（E.B. White）	《飛天萬能車》 （*Chitty Chitty Bang Bang*） 伊恩．弗萊明（Ian Fleming）
《小熊維尼故事集與詩集》 （*The Complete Tales and Poems of Winnie-the-Pooh*） 米恩（A. A. Milne）	《納尼亞傳奇：獅子、女巫、魔衣櫥》 （*The Lion, the Witch and the Wardrobe*） 路易斯（C. S.Lewis）	《瑪莉．包萍》（*Mary Poppins*） 崔維斯（P. L. Travers）

《希金斯的山區歷險》（*M. C. Higgins, the Great*）維吉尼亞・漢彌爾頓（Virginia Hamilton）	《公主與哥布林》（*The Princess and the Goblin*）喬治・麥唐諾（George McDonald）	《祕密花園》（*The Secret Garden*）法蘭西絲・霍森・伯納特（Frances Hodgson Burnett）
《待會見，山姆！》（*See You Around, Sam!*）露意絲・羅瑞（Lois Lowry）	《時間的縐褶》（*A Wrinkle in Time*）瑪德蓮・英格爾（Madeleine L'Engle）	

• 幫助幼童面對親人死亡的書籍（緬因州波特蘭兒童悲傷治療中心分部主任派翠西亞・艾倫推薦）

《孩童與青少年的終身療癒》（*Lifetimes: Healing for Children and Adults*）布萊恩・梅洛（Bryan Mellonie）（適合三到六歲孩童）	《下一站》（*The Next Place*）瓦倫・韓森（Warren Hanson）（適合六歲以上孩童與成人）	《謝謝你，爺爺》（*Thank You, Grandpa*）琳恩・普拉德（Lynne Plourde）（適合四到八歲孩童）
《恐龍死後：認識死亡》（*When Dinosaurs Die: A Guide to Understanding Death*）蘿莉・克拉尼・布朗（Laurie Krasny Brown）（適合四到八歲孩童）		

• 其他導師推薦給失親的孩童閱讀的書籍

《獾的道別》 （*Badger's Parting Words*） 蘇珊・瓦利（Susan Varley） （適合四到八歲孩童）	《葉子弗萊迪的殞落：生之故事》 （*The Fall of Freddie the Leaf: A Story of Life for All Ages*） 李奧・布什里拉（Leo Buscaglia） （適合四到八歲孩童，或是更年長的孩子）	《無花果布丁》（*Fig Pudding*） 拉夫・弗萊契（Ralph Fletcher）（適合九到十二歲孩子）
《幫我說再見：幫助孩子過喪親之痛》 （*Help Me Say Goodbye: Activities for Helping Kids Cope When a Special Person Dies*） 珍妮絲・席維爾曼（Janis Silverman） （適合四到九歲孩童）	《我希望我可以握住你的手：幫助孩子走出傷痛》 （*I Wish I Could Hold Your Hand: A Child's Guide to Grief and Loss*） 派特・帕默爾（Pat Palmer）（適合九到十二歲孩子）	《難過不是壞事：幫助孩子面對創傷的指南》（*Sad Isn't Bad: A Good-Grief Guidebook for Kids Dealing with Loss*） 米謝琳・蒙帝（Michaelene Mundy） （適合四到八歲孩童）
《眼淚濃湯》（*Tear Soup*） 派特・什維柏特（Pat Schwiebert） （適合四到八歲孩童）	《衣櫥裡的惡夢》 （*There's a Nightmare in My Closet*） 梅西・梅爾（Mercer Mayer） （適合四到八歲孩童）	《浮游與蜻蜓：向年幼的孩子解釋死亡》（*Water Bugs and Dragonflies: Explaining Death to Young Children—Looking Up*） 朵利斯・史迪克尼（Doris Stickney） （適合四到九歲孩童）

• 安撫孩子的經典音樂

《寶寶的床邊時間》 （*Baby's Bedtime*） 茱蒂・柯林斯、厄尼斯特・特魯斯特 （Judy Collins、Ernest Troost） （適合〇到二歲）	《凱爾特搖籃曲》 （*The Celtic Lullaby*） （適合二到五歲）	《溫柔夢鄉》 （*Dreamland: World Lullabies and Soothing Songs*） （適合〇到十歲）
《親愛的寶貝：十週年版本》 （*For Our Children: 10th Anniversary Edition*） （適合三到九歲）	《親親寶貝》 （*For Our Children Too!*） （適合三到九歲）	《搖籃曲合輯》 （*Lullaby: A Collection*） （適合一到六歲）
《滿天星斗》（*On a Starry Night*） （適合二到六歲）	拉菲（Raffi）的音樂，以及任何他為孩子所創作的專輯	《羅西》（*Really Rosie*） 卡洛・金（Carole King）
《小熊維尼之歌》 （*Return to Pooh Corner*） 肯尼・羅傑斯（Kenny Loggins） （適合所有年齡）	《芝麻街白金專輯：最愛歌曲》 （*Sesame Street Platinum: All Time Favorites*）（適合三到六歲）	《老爸的兒歌》 （*Songs from a Parent to a Child*） 亞特・葛芬柯（Art Garfunkel）
《迪士尼唱片－歌曲專輯：孩子最愛的歌曲》（*Walt Disney Records-Song Albums:Children's Favorite Songs*） （適合三到九歲）	《世界遊樂園》（*World Playground*） （適合一到十歲）	

傳達堅毅與勇敢：戰勝逆境的慰藉

勇氣、挫敗、成長、復原、從貧困到富有、勝利的故事、獲取智慧、道德與勇氣、團隊與個人經歷。當我們感覺挫折，對一切忿忿不平或焦慮，我們需要收集更多的勇氣幫助我們戰勝恐懼。故事結尾或許並非典型的美好結局，卻能夠帶給我們希望、讓我們感到慰藉，傳遞力量、韌性以及主角在面對逆境時展現出的機智。這些堅強與扭轉乾坤的故事，最後總能帶給我們希望，讓我們相信人類內在的力量。

- **安慰特質**：勇氣、希望、啓發人心、態度積極、願意面對危險。

- **傳遞勇氣的電影清單**

《天使詩篇》（*An Angel at My Table*）	《衝出逆境》（*Antwone Fisher*）	《阿波羅十三號》（*Apollo 13*）
《舞動人生》（*Billy Elliot*）	《紫色姐妹花》（*The Color Purple*）	《夢幻女郎》（*Dreamgirls*）
《永不妥協》（*Erin Brockovich*）	《心靈捕手》（*Good Will Hunting*）	《希望與榮耀》（*Hope and Glory*）
《前進天堂》（*In America*）	《追風箏的孩子》（*The Kite Flyer*）	《全面反擊》（*Michael Clayton*）
《自由大道》（*Milk*）	《海倫凱勒》（*The Miracle Worker*）	《狗臉的歲月》（*My Life as a Dog*）
《戰地琴人》（*The Pianist*）	《心田深處》（*Places in the Heart*）	《雷之心靈傳奇》（*Ray*）
《洛基》（*Rocky*）	《刺激一九九五》 （*The Sawshank Redemption*）	《貧民百萬富翁》 （*Slumdog Millionaire*）
《女侍情緣》（*Waitress*）	《為你鍾情》（*Walk the Line*）	

- **音樂**

以上所列電影的原聲帶、底特律黑人音樂（Motown）、輕搖滾、饒舌與嘻哈歌曲、R&B、爵士、放克

- **傳遞勇氣的電視節目**

《真相追擊》（*The Closer*）	《頭號嫌犯》（*Prime Suspect*）	《實習醫生》（*Grey's Anatomy*）

- **傳遞勇氣的 YouTube 影片**

伯納德·勒錢斯登上歐普拉的節目（Bernard LaChance's Video for Oprah）	傑森·麥克艾崴的投籃影片（Jason McElway's Basketball Game）	《蘭迪·鮑許的最後一堂課》（*Randy Pausch's last lecture*）

- **傳遞勇氣的書籍**（傳記、回憶錄、散文、小說）

《勇於做夢！二十五個不凡的人生故事》（*Dare to Dream!: 25 Extraordinary Lives*） 珊卓拉·杭弗瑞（Sandra McCleod Humphrey）	《一百零一個世界英雄》（*101 World Heroes*） 賽門·蒙帝費爾（Simon Montefiore）	《安琪拉的灰燼》（*Angela's Ashes*） 法蘭克·麥考特（Frank McCourt）

《無家可歸的男子》（*Breakfast at Sally's: One Homeless Man's Inspirational Journey*）李察・里米克斯（Richard LeMieux）	《傷心之橋》（*Bridge Across My Sorrows*）克莉絲提納・諾博、羅伯特・柯藍（Christina Noble、Robert Coram）	《這孩子將有大成就》（*This Child Will Be Great*）艾倫・強森・史利夫（Ellen Johnson Sirleaf），賴比瑞亞總統
《女人心》（*The Heart of a Woman*）瑪雅・安奇羅（Maya Angelou）	《活出意義來》（*Man's Search for Meaning*）維克・法蘭柯（Viktor E. Frankl）	《我的左腳》（*My Left Foot*）克理斯・布朗（Christy Brown）
《絕不妥協》（*Nothing Is Impossible*）克李斯多弗・李維（Christopher Reeve）	《海倫・凱勒自傳》（*The Story of My Life*）海倫・凱勒（Helen Keller）	《三杯茶》（*Three Cups of Tea*）葛瑞格・莫特森（Greg Mortenson）
《寵愛》（*Beloved*）東妮・莫里森（Toni Morrison）	《紫色姐妹花》（*The Color Purple*）艾莉絲・渥克（Alice Walker）	狄更斯（Charles Dickens）的所有作品
《Q&A》維卡斯・史瓦盧普（Vikas Swarup）		

詼諧幽默：儘管搞砸最後仍歡喜收場

我們總喜歡看一些幽默風趣的小品。家族、社區與情侶之間爭吵混亂，卻讓人捧腹。公路旅行、失序的青春歲月、遭遇各式稀奇古怪的問題卻試圖表現得正常。

- **安慰特質：**謙卑、接受自身的不完美、同情、機智、以智取勝、幽默。

- **詼諧幽默的電影清單：**

《非關男孩》（*About a Boy*）	《愛在心裡口難開》（*As Good As It Gets*）	《無為而治》（*Being There*）
《狂宴》（*Big Night*）	《尋回理智》（*Finding Normal*）	《戀夏五百日》（*500-Days of Summer*）
《一路到底脫線舞男》（*The Full Monty*）	《情歸紐澤西》（*Garden State*）	《大公司小老闆》（*In Good Company*）
《鴻孕當頭》（*Juno*）	《充氣娃娃之戀》（*Lars and the Real Girl*）	《小太陽》（*Little Miss Sunshine*）
《與安德烈晚餐》（*My Dinner with Andre*）	《撫養亞歷桑納》（*Raising Arizona*）	《天才一族》（*The Royal Tenenbaums*）
《尋找新方向》（*Sideways*）	《擋不住的奇蹟》（*That Thing You Do!*）	《窈窕淑男》（*Tootsie*）
《野鸚鵡》（*The Wild Parrots of Telegraph Hill*）	《我辦事，你放心》（*You Can Count on Me*）	《青春啦啦隊》（*Young at Heart*）

- **YouTube 影片：**

跟貓咪有關的眾多有趣影片，但數目實在太多，無法挑出最喜歡的。

《倫敦十大怪誕地》（*London-10 Quirky Places*）

• 電視節目：

CNN節目中任何與珍妮．摩斯（Jeanie Mose）有關的片段	《怪醫豪斯》（*House*）	《神經妙探》（*Monk*）
《超級製作人》（*30Rock*）	《歡樂一家親》（*Frasier*）	《宋飛正傳》（*Seinfeld*）
《慾望師奶》（*Desperate Housewives*）	《慾望城市》（*Sex and the City*）	

• 書籍：

珍妮佛．庫斯（Jennifer Crusie）撰寫的都會小說	《偷穿高跟鞋》（*In Her Shoes*）珍妮佛．韋納（Jennifer Weiner）	《頭號冤家》（*One for the Money*）珍娜．伊凡諾維奇（Janet Evanovich）

• 音樂

《鼠來寶》（*Alvin and the Chipmunks*）	野獸男孩（Beastie Boys）	碧玉（Bjork）
《情歸紐澤西》（*Garden State*）原聲帶	凱蒂．佩芮（Katy Perry）	女神卡卡（Lady Gaga）
《小野貓》（*The Pussycat Dolls*）	《踮起腳尖走過鬱金香》（*Tiptoe Through the Tulips*）小提姆（Tiny Tim）	《宛如埃及人般的走路姿態》（*Walk Like an Egyptian*）手鐲合唱團（The Bangles）

逃離現實的慰藉：逃離危險、冒險犯難

到其他星球、世界、異地來一段時光之旅。類型包括奇幻、科幻、時空旅行、動畫……寶萊塢？

- **安慰特質**：想像力、引人入勝、視覺特效、多彩、奇幻、異國、祕境。

- **脫離現實的電影清單**

《阿凡達》（*Avatar*）	《我不笨，我有話要說》（*Babe*）	《回到未來》（*Back to the Future*）
《大智若魚》（*Big Fish*）	《納尼亞傳奇：獅子、女巫、魔衣櫥》（*Chronicles of Narnia: The Lion, the Witch and the Wardrobe*）	《班傑明的奇幻旅程》（*The Curious Case of Benjamin Button*）
迪士尼系列：《彼得潘》、《睡美人》、《仙履奇緣》、《小美人魚》、《木偶奇遇記》	《曼哈頓奇緣》（*Enchanted*）	《E.T.》
《幻想曲》（*Fantasia*）	《第五元素》（*The Fifth Element*）	《海底總動員》（*Finding Nemo*）
哈利波特系列（*Harry Potter*）	《超人特攻隊》（*The Incredibles*）	印第安納瓊斯（Indiana Jones）系列
《獅子王》（*The Lion King*）	《衝鋒飛車隊》（*Mad Max*）	《歡樂谷》（*Pleasantville*）
《公主新娘》（*The Princess Bride*）	《神隱少女》（*Spirited Away*）	《星際爭霸戰》（*Star Trek*）
《星際大戰》（*Star Wars*）	《瓦力》（*WALL-E*）	《新綠野仙蹤》（*The Wiz*）
《綠野仙蹤》（*The Wizard of Oz*）		

● 書籍

《納尼亞傳奇》 （*The Chronicles of Narnia*） 路易斯（C.S. Lewis）	《水晶洞》（*The Crystal Cave*）	格林童話故事集（*Grimm Fairy Tales*）
《魔戒三部曲》 （*Lord of the Rings Trilogy*） 托爾金（J.R.R.Tolkien）	黛安娜．蓋伯頓（*Diana Gabaldon*） 異鄉人（Outlander）系列	《石中劍》 （*The Sword and the Stone*） 懷特（T. H. White）

● 音樂

《牧神的午后》 （*Afternoon of a Faun*） 德布西（Claude Debussy）	《范吉利斯配樂精選》 （*The Best of Vangelis*）	《衝鋒飛車隊》（*Mad Max*）原聲帶
《鵝媽媽組曲》 （*Mother Goose Suite*） 莫瑞斯．拉維爾（Maurice Ravel）	卡爾．薩根（Carl Sagan）的宇宙系列音樂	狂喜樂團（Delerium）的音樂
《過去未來》（*Days of Future Passed*）、《每個男孩應得寵》 （*Every Boy Deserves Favour*） 憂鬱藍調樂團（Moody Blues）	拉罕（A. R. Rahman）的音樂	《氧氣》（*Oxygene*） 米謝．賈爾（Michel Jarre）
《科幻小說輯》 （*The Science Fiction Album*）	迪士尼、奇幻與科幻電影原聲帶	《星際奇兵》（*Stargate*）音樂原聲帶
《星際大戰》（*Star Wars*）原聲帶		

適用於需要來點歡樂的安慰場合的歌舞劇

音樂劇跟原聲帶充滿各式曲調，適合搭配不同的情境、夢想與幻想來播放。

《鳳宮劫美錄》（*Camelot*）	《妙女郎》（*Funny Girl*）	《火爆浪子》（*Grease*）
《髮膠明星夢》（*Hairspray*）	《我愛紅娘》（*Hello, Dolly!*）	《媽媽咪呀》（*Mamma Mia!*）
《歡樂滿人間》（*Mary Poppins*）	《歡樂音樂妙無窮》（*The Music Man*）	《洛基恐怖秀》（*The Rocky Horror Picture Show*）（劇情俗爛卻十分具娛樂性）
《七對佳偶》（*Seven Brides for Seven Brothers*）	《萬花嬉春》（*Singing in the Rain*）	《真善美》（*The Sound of Music*）
《巧克力冒險工廠》（*Willy Wonka and the Chocolate Factory*）		

給人崇高昇華的力量：宛如置身天堂

以神聖、充滿喜樂或輕柔的方式，將恩典帶入藝術中，例如以天使般的嗓音演唱《聖母頌》，或是作品中出現天使飛翔的意象。這些片刻讓我們深深感動，觸動靈魂深處。

- **安慰特質**：神聖、充滿情感、靈啓、安詳、優雅。

• 電影或DVD

《天使女伶》（*Celtic Woman*） （歌者演唱的DVD系列）	《天地玄黃・時空・人生》 （*Chronos*）	《地球》（*Earth*）
《喬瑟夫・坎伯與神話的力量》 （*Joseph Campbell and the Power of Myth*）	《大河之舞》（*Riverdance*）	《鳥與夢飛行》（*Winged Migration*）

• 音樂（以演唱／演奏者或團體名排列出）

艾紐納合唱團（*Anuna*）	〈人們仰望喜悅〉（Joy of Man's Desiring） 巴哈（Bach）	《月光女神》（*La Luna*） 莎拉・布萊曼（Sarah Brightman）
《深刻的和平》（*Deep Peace*） 比爾・道格拉斯（Bill Douglas）	天使女伶（Celtic Woman）	《恩雅世紀精選》（*The Best of Enya*） 恩雅（Enya）
《古典長笛冥想曲》（*Meditations: Serenely Beautiful Flute Music*） 詹姆斯・高威（James Galway）	《歐菲斯與尤莉蒂絲》（*Orpheus and Eurydice*） 葛路克（Gluck）	《簡單快樂》（*Simple Pleasure*） 巴比・麥菲林（Bobby McFerrin）
蘿琳娜・麥肯尼特 （*Loreena McKennitt*）	《D大調卡農》（*Canon in D Major*） 帕海貝爾（Pachelbel）	《聖母頌》（*Ave Maria*） 舒伯特
《平靜與力量》（*Peace and Power*） 瓊安・席南多 （JoanneShenandoah），美國原住民歌者、音樂家與作曲家	《狂喜讚美詩》（*Hildegard von Bingen*） 賓根（Hildegard von Bingen）	《泰里斯主題幻想曲》（*Fantasia on a Theme by Thomas Tallis*） 佛漢・威廉斯（Vaughn Williams）
雅尼（Yanni）		

• 書籍

《靈魂伴侶》（*Anam Cara*） 約翰・歐唐諾（John O'Donohue）	瑪雅・安奇羅（Maya Angelou）所有作品	《生命的藝術》（*The Art of Being*） 丹尼斯・馬利特・瓊斯（Dennis Merritt Jones）
《幸福的藝術：達賴喇嘛的人生智慧》（*The Art of Happiness*） 達賴喇嘛與霍華德・卡特勒（Dalai Lama and Howard Cutler）	《創作，是心靈療癒的旅程》（*The Artist's Way*） 茱莉亞・卡麥隆（Julia Cameron）	《靈魂的關照》（*Care of the Soul*） 湯瑪士・摩爾（Thomas Moore）
《奇異恩典：七位神祕女子寫照》（*Enduring Grace: Living Portraits of Seven Women Mystics*） 卡洛・弗林德斯（Carol L. Flinders）	《聆聽心靈的聲音》（*Heart Steps*） 茱莉亞・卡麥隆	《神話的依歸》（*Myths to Live*） 喬瑟夫・坎伯（Joseph Campbell）
《一個新世界》（*A New Earth*） 艾克哈特・托勒（Eckhart Tolle）	《奇蹟一籮筐》（*A Pocketful of Miracles*） 瓊安・包利桑柯（Joan Borysenko）	瑪莉・奧利佛（Mary Oliver）詩集
羅伯特・布萊（Robert Bly）詩集	魯米（Rumi）詩集	《先知》（*The Prophet*） 紀伯倫（Kahlil Gibran）
《當生命陷落時》（*When Things Fall Apart*） 佩瑪・丘卓（Pema Chodron）	《女性讚頌神聖：四十三個世紀的女性靈魂派詩歌》（*Women in Praise of the Sacred*） 珍・赫許菲爾德（Jane Hirshfield）編	

安慰A to Z

將以下提及的東西應用到日常生活中，爲家人與朋友創造一個安慰的氛圍。不過，在此之前，先列出能夠幫助我們獲得慰藉的十五大基本條件，這些要件滿足多數人對安慰的需求。（並未依照任何編排順序）

- 藝術能幫助我們表達，特別是當我們找不到適切的文字時。
- 信仰帶給我們人生的意義與目的。
- 食物帶給人們慰藉。
- 一個舒適的地點或庇護所讓我們能夠休息，恢復精神。
- 與他人連結讓我們有歸屬感，產生凝聚力，彼此打氣。
- 消遣娛樂、各類遊戲，包括不必動腦筋且可以分散注意力的活動。
- 抱持感恩之情，找出支持的力量。
- 幽默感。
- 興趣、熱情、嗜好、情緒的出口。
- 愛、情感、溫暖。

- 冥想、治療、療癒。
- 接觸自然，與土地產生連結。
- 寵物、動物。
- 運動。
- 撫摸、擁抱、按摩等身體的接觸。

以下則是我出列可以提供安慰的物品清單：

A				
天使圖像或音樂 Angels	動物 Animals	古董 Antiques	蘋果 Apples	水族館 Aquarium
涼亭 Arbors	香氛療法 Aromatherapy	藝術 Art		
B				
裝滿各式物品的藍子 Baskets	香蕉聖代 Banana splits	泡澡 Baths	自傳 Biographies	書籍 Books
自傳電影 Biography movies	賞鳥 Bird watching	毯子 Blanket	祝福 Blessing	麵包 Bread
泡泡浴 Bubble baths	吹泡泡玩具 Bubble-making toys			

C				
蠟燭Candles	紙牌遊戲 Card games	卡片、慰問卡 Cards	卡通 Cartoons	巧克力 Chocolate
果汁Ciider	肉桂、肉桂捲 Cinnamon	黏土 Clay	咖啡 Coffee	喜劇 Comedies
安慰者Comforters	漫畫書Comic book	同情 Compassion	古玩 Curios	餅乾 Cookies
工藝品Crafts	蠟筆Crayons	填字遊戲 Crossword puzzles	咖哩 Curry	
D				
狗 Dogs	甜甜圈 Donuts	塗鴉 Doodling	鴿子 Dove	乾燥花 Dried flowers
鴨子 Ducks	塞斯博士童書 Dr. Seuss			
E				
伯爵茶 Earl Grey tea	蛋酒 Eggnog	蛋捲 Egg rolls	同情 Empathy	玉米捲餅 Enchiladas
消遣娛樂 Entertainment	尤加利樹精油 Eucalyptus	情感豐沛 Exuberance		
F				
做臉 Facials	羽毛 Feathers	蕨類植物 Ferns	輕食點心 Finger food	火爐、營火 Fireplaces
炸魚和薯條 Fish and chips	法蘭絨床單和睡衣 Flannel sheets and pajamas	花朵 Flowers	民族舞蹈 Folk dancing	民族音樂 Folk music
足部按摩 Foot massages	噴水池 Fountains	水果 Fruit	軟糖 Fudge	

G				
花園 Gardens	貼心的禮物 Gifts	小矮人 Gnomes	高爾夫 Golf	全麥餅干 Graham crackers
親切優雅 Grace	祖父的鐘 Grandfather clocks	祖父母 Grandparents	感恩 Gratitude	
H				
豎琴 Harps	藥草 Herbs	蜂蜜 Honey	希望 Hope	熱水袋 Hot-water bottles
住宅裝潢雜誌 House-decorating magazines	幽默 Humor	擁抱 Hugs	呼拉圈 Hula Hoops	讚美詩 Hymns
I				
冰淇淋 Ice cream	秋高氣爽 Indian summer	小酒館 Inns	鳶尾花 Irises	義大利食物 Italian food
J				
果醬 Jams and jellies	爵士、輕爵士 Jazz, light jazz	吉格舞 Jigs	拼圖 Jigsaw puzzles	笑話 Jokes
K				
萬花筒 Kaleidoscopes	卡拉Ok Karaoke	紀念品 Keepsakes	檸檬派 Key lime pie	廚房餐桌 Kitchen tables
風箏 Kites	小貓 Kittens	小飾品 Knickknacks	編織 Knitting	
L				
義大利寬麵 Lasagna	笑聲 Laughter	信件 Letters	百合花 Lilies	輕快的旋律 Lilts
口紅 Lipstick	棒棒糖 Lollipops	乳液 Lotions	躺椅 Lounge chairs	愛 Love

雙人沙發 Loveseats	幸運 Luck			
M				
魔術工具 Magic kits	修指甲 Manicures	棉花糖 Marshmallows	馬鈴薯泥 Mashed potatoes	烤肉餅 Meatloaf
牛奶 Milk	薄荷 Mints	紙鈔 Money	大富翁遊戲 Monopoly	電影／媒體 Movies/media
馬芬蛋糕 Muffins	音樂 Music	音樂盒 Music boxes	麝香 Musk	
N				
辣味玉米片 Nachos	擦指甲油 Nail polish	夜景 Night-lights	筆記、短箋 Notebooks	小說、輕小說 Novels
堅果 Nuts				
O				
煎蛋捲 Omelets	歌劇 Oprah	歐瑞餅乾 Oreo cookies	摺紙 Origami	義大利米形麵 Orzo pasta
奧斯卡頒獎典禮 Oscars	買張樂透 Oz			
P				
羽飾 Panache	薄煎餅 Pancakes	三色堇 Pansies	荷蘭芹 Parsley	派對 Parties
田園曲 Pastorale	珍珠 Pearls	企鵝 Penguins	彼得潘 Peter Pan	照片 Photographs
野餐 Picnics	派 Pies	小豬撲滿 Piggybanks	枕頭 Pillows	乒乓球 Ping-Pong games
披薩 Pizza	燜燉牛肉塊 Pot roast	禱告 Prayers	布丁 Pudding	小狗狗 Puppies
Q				

零錢 Quarters	石英水晶 Quartz crystals	安靜 Quiet	百納被 Quilts	益智節目 Quiz shows
R				
收音機 Radios	彩虹 Rainbows	休假 Recess	食譜 Recipes	餐廳 Restaurants
獎賞 Rewards	戒指 Rings	睡袍 Robes	輪式溜冰鞋 Roller skating	玫瑰 Roses
S				
乘船航行 Sailing	安慰的東西 Salves	薩克斯風 Saxophones	烤餅 Scones	貝殼 Seashells
性愛 Sex	購物 Shopping	絲綢 Silk	溜冰 Skates	溜滑梯 Sliding boards
微笑 Smiles	香皂 Soaps	義大利麵 Spaghetti	故事書 Storybooks	陽光 Sunshine
T				
太妃糖 Taffy	護身符 Talismans	茶壺 Teapots	鈴鼓 Tambourines	泰迪熊 Teddy bears
天線寶寶 Teletubbies	體貼 Thoughtfulness	小費 Tips	玩具 Toys	樹 Trees
U				
雨傘 Umbrellas	悠閒自在 Unhurried	獨角獸 Unicorns	團結 Unity	
V				
認可 Validation	價值 Value	影片 Videos	葡萄園 Vineyards	小提琴 Violins
W				
鬆餅 Waffles	散步 Walks	溫暖 Warmth	水 Warmth	鮮奶油 Whipped cream
巧克力夾心點心 Whoopie pies	智慧 Wisdom	願望 Wishes	機智 Wit	好奇 Wonder

X				
信末附上親吻 XXX's	木琴 Xylophones			
Y				
沙線 Yarn	瑜珈 Yoga	溜溜球 Yo-yos	YouTube	絲蘭 Yucca plants
Z				
禪 Zen	熱心 Zest	齊特琴 Zithers		

安慰資源共享以及建議網站

- www.Parents-choice.org **提供家長許多得獎與參考的多媒體作品**

　　黛安娜・赫斯・葛林（Diana Huss Green）創立這個網站，集結許多家長、教育專家、圖書館員與評論者共同審閱適合孩童閱讀的書籍、玩具、遊戲與多媒體。黛安娜在另一個網站 www.education.com 撰寫過一篇〈從書本尋找安慰〉（Finding Comfort in a Book）的文章。她替孩子們訂定安慰故事書的標準，強調堅定的道德價值及善良的角色。她的安慰書籍清單內容豐富且經過仔細篩選。

- www.childrensbooks.about.com **童書指南**

　　提供〇到十二歲的童書指南，我特別喜歡其中介紹給六歲以下孩子的閱讀清單，提供適合幼童大聲朗讀並附有大量彩色插圖的繪本資訊。並將資訊加以創意分類，利用部落格和快訊的方式來呈現。

- www.education.com **讓學習變得生動**

主要針對父母提供一些適合幼童從事的活動、閱讀、遊戲，以及親子間互動的學習經驗。網站內容協助家長思考如何能在家中進行各項學習活動。

- www.beliefnet.com **心靈指引**

包含啓發心靈的各類媒介資訊，提供所有宗教和心靈啓發相關的娛樂與情報。內容有許多撫慰人心的電影、書籍與其他資訊，諸如祝福的話、禱詞、引言、個人散文與故事，以及關於世界各地的人如何安慰彼此、啓發心靈的資訊。

- www.simpleabundance.com **沉澱心靈的天地**

莎拉．班．布烈特納（Sarah Ban Breathnach）的絕佳著作《簡單富足：安慰與喜樂日誌》（*Simple Abundance: A Daybook of Comfort and Joy*）是我高度推薦的作品。她的網站擁有最新的資訊、文章與有助內心平靜與沉澱心靈的資源。

- www.familycaregiving101.org **家庭照護須知**

  提供照護者許多有用的教育資訊，包含許多初學者應該知道的事項。

- www.nfcacares.org **美國家庭照護者協會**（National Family Caregivers Association）

  該協會現在有專屬的推特，並建立E化服務與家庭照護者論壇，這個網站對於忙碌的照護者來說十分受用。

- www.aarp.org/family/caregiving **美國退休者協會**（AARP）

  美國退休者協會提供五十歲以上的高齡照護者絕佳的指南與幫助。

- www.helpguide.org/mental/helping_grieving.htm **幫助哀悼者**

  提供完整、面面俱到的指南，平撫哀悼者的悲慟情緒，並給予慰藉。設置成年人、青少年與孩童的專區，擁有不少好文章與資源的連結。

- www.mentalhelp.net **心理衛生網**

  網站內容廣泛且完整收集心理衛生方面的議題，包含引導失親者度過哀悼過程，以及提供成人與孩童這方面的協助。

- www.centerforloss.com **協助失親與過度期**

精神科醫師艾倫・沃菲爾特（Alan Wolfelt）提供一項名爲「陪伴哀悼者」的安慰計畫，他所撰寫的相關著作也都能在該網站連結的網路書店 Companion Press 找到。

- www.beyondindigo.com **走出憂鬱**

對於各種情緒提供許多線上服務，讓讀者可以張貼內心想法、感受與懷念親人的文章。

- www.aarp.org/family/lifeafterloss **喪親之後的協助**

美國退休者協會對失親家庭提供許多有幫助與實用性的文章，同時關懷老年人的相關議題。

- www.griefnet.org **追思網頁**

提供線上追思網頁製作的服務，只需支付小小的費用就能加入線上支持團體。

- www.hospicefoundation.org/griefAndLoss **提供喪親者協助**

美國安寧照護基金會（Hospice Foundation of America）的網站，建議閱讀的文章有：〈破除哀悼者的八個迷思〉（Shattering the 8 Myths of Grieving）與〈安撫失親幼童的八個迷思〉（8 Myths About Children and Loss）。網站提供許多哀悼的文章與連結，以及有關照護者與臨終關懷的議題。

- www.compassionatefriends.org **安慰失去孩子的家庭**

同情之友（The Compassionate Friends）組織。

- www.dougy.org **幫助失親的青少年與幼童**

道奇諮詢中心（Dougy Center）是歷史悠久且受到高度推崇的兒童與青少年諮詢中心。他們這項幫助失親孩子的計畫，提供全國其他類似的服務機構一個成功的範例。另外還有線上書籍販售，並設置搜尋引擎供查詢居住地附近的支持團體資訊。

- www.helpguide.org/mental/grieving_pets.htm#online **與寵物道別**

面對寵物死亡的第一要務。

- www.growthhouse.org **處理臨終議題**

包含許多與臨終議題相關的內容，關懷面臨死亡的親友，提供支持與安慰，協助面對悲痛和預期性的悲傷（anticipatory grief）。

- www.hospicefoundation.org **安寧療護須知**

美國安寧照護基金會的網站，提供完整且詳盡的專業護理人員與居家照護者的安寧療護須知。

- www.gettingpastyourpast.wordpress.com **如何面對感情結束與離婚**

- www.gettingpastyourbreakup.com **告別舊愛**

蘇珊・艾略特（Susan Elliott）曾擔任悲傷諮商師與律師，創立一個啓發人心且內容豐富的網站，並著有同名書籍幫助我們度過各種分手的傷痛。

- www.divorcesupport.com **離婚支持團體**

  網站內容完善、方便瀏覽，部落格與論壇具有互動性，討論許多與離婚有關的議題。

- www.mentalhelp.net

  網站內容包羅萬象，對離婚的主題有詳細的探討，包括如何走過離婚的低潮期，還能搜尋當地治療師以及最新出版情報與相關文章資訊。

- www.giftfromwithin.org **創傷後的復原**

  這是一個旨在幫助創傷倖存者的國際組織，內容豐富、架構完整，提供許多資訊以及鼓舞人心的文章、指引與資源，並對受創者提供必要的協助。另外提供許多優秀的支持團體、網路連結與其他線上資源的連結。

- www.mentalhelp.net **給創傷者的指南**

替創傷患者提供絕佳的指南，另外也處理災難、暴力、受虐，以及各種焦慮的議題。

- www.artheals.org **藝術療癒網**

  提供世界各地的相關組織與療癒系藝術家的連結，能夠提升自我。光憑網站中一張張精美照片和設計，就令人覺得賞心悅目與備感安慰。

- www.paintyourownpottery.net **彩繪你的陶藝**

  協助讀者與家人可以在全美各地找到方便前往的陶藝教室。

- www.hospitalart.com **醫院藝術**

  醫院藝術基金會（The Foundation for Hospital Art）的網站，提供志工彩繪藝術品與壁畫的計畫，妝點醫院，創造一個安撫人心的氛圍。

- www.nowilaymedowntosleep.org

  這個組織提供攝影師（不收取費用）替在醫院裡的病童（嬰孩）與其家人拍

照。攝影師會前往醫院替孩子的父母和家人們拍紀念照。

- www.heropaintings.com/kzindex.aspx **同情計畫**

　　此組織協助軍眷面對親友喪生的悲慟，並找來畫家替爲國捐軀的軍人繪製畫像，以安慰親人。

- www.playingforchange.com **用音樂連結世界**

　　發起人以和平爲號召，集結世界各地的音樂家，製作並上傳十分受歡迎的音樂影片《站在我身邊》（*Stand By Me*）到 YouTube。

- www.rootsandshoots.org **與大自然跟土地連結**

　　由珍·古德（Jane Goodall）博士發起的國際性計畫，旨在教育孩童與家長關懷社區與世界各地的土地。全美各地許多學校跟自然保育中心也一同響應這項受到高度重視的計畫。

安慰導師群所屬網站

- 艾美．韓蒂的「玩樂陶藝」 www.clay-play.com
- 派翠西亞．艾倫的兒童悲傷治療中心 www.cgcmaine.org
- 李斯．薛佛的「心故事劇場」 www.telltalehearts.org
- 南茜．柯尼網站 www.heartsworknancycoyne.com
- 艾波納馬科經驗學習中心 www.taoofequus.com
- 珍．迪羅斯普的自然渡假村 www.ntnretreats.com

致謝　藍鷺的歸返

終於，緬因州的風景由一片雪白轉為灰，然後出現泥濘，緊接著迎接綠意盎然的春天到來。紫丁香、鳶尾花與蘋果樹上結的花朵沿著約爾茅斯鎮上的人行道綻放。今年的冬天比起往年更加嚴寒，就連緬因州本地人也覺得如此，如今終於能夠鬆一口氣了。人們踩著春天的步伐，年輕爸媽推著嬰兒車散步，老夫妻則牽著狗兒作伴，一群青少年身穿運動衣跑步，孩子們騎著腳踏車往前衝。

正如約爾茅斯鎮午後的寧靜一般，美麗的向晚景色召喚著我沿著一排松樹漫步至林間。今天我特別想見見那些藍鷺。自從十一月以來，我就沒再見到牠們，期間歷經了六個月的寒冬。我知道牠們同樣喜愛這片森林，這裡有寬闊的加斯科灣，一旁則是古根斯島。相隔不遠處的另一座小島則是藍鷺的大本營，是牠們在新英格蘭最大的活動區域之一，該地受到緬因州政府與大自然保育協會所保護。

我走到古根斯島附近的岸邊，魚兒跟往常一樣忙碌。我沿著海岸線旁的步道走往小沙灘，坐在一片苔蘚上。儘管退了潮露出鬆軟的沙地，附近的鳥兒忙著覓食，卻仍不見藍鷺的蹤影。眞奇怪，我心想。這地方經常能夠見到藍鷺的蹤影，牠們總是聚集在這裡，宛如哨兵一般，靜靜尋覓食物的蹤影。

這是一個靜謐的時光，我決定停止尋覓藍鷺的蹤跡，仰躺在溫暖的沙灘上，望著眼前長得老高的雜草在海風中搖曳，深吸著乾淨的空氣裡傳來的月桂果實與松樹的香甜氣味。我的心情隨著緩緩拍打的海浪沉澱下來，目光投向升起的一彎明月。我回想起慷慨的同事們不吝與我分享他們的想法與故事，內心油然升起一股感激。我一一記起他們和善的面孔，聽見從心底傳來的回音，敬佩他們每一個人，讚嘆他們的智慧。

一陣風吹來，打斷我的思緒，在我的臉上濺了幾滴海水。我坐起身，脫去鞋子，緩緩踏進冰涼的海水裡。我的感動無法言喻，帶著喜悅與感激，我大聲說出對這些同事、朋友、家人、動物與其他萬事萬物的感恩。在此，我要對所有的安慰者致上崇敬之意。

首先，我要感謝安慰導師們傳授我安慰的技巧：

身爲護理師的傑夫將內心的感激化爲對病患的尊重。

亞莉安的正直、謙卑與智慧有助於安慰溝通。
艾莉西亞教導我們如何說出內心真正的想法。
派翠西亞則讓我們知道哀悼中的人需要被傾聽，以及陪伴的重要。
還要感謝霍爾的慷慨與善意，以及真誠的掏心對話。
李斯則從不同年齡、文化和宗教信仰的故事中，找到彼此的共通點。
艾美儘管身處壓力下仍保持親切的態度，向我們展現了藝術的撫慰力量。
潘蜜拉則是肯定了人生的意義，並告訴我們如何在這趟旅程中展現天賦。
唐跟布蘭達和他們飼養的狗兒則展現了無條件的愛與接納。
南茜跟她的馬傳達了內心交流與情感的堅定。
蘿拉的自然教育則展現了人與自然的連結。
珍教導我們隨時停下來，體會寂靜帶給我們的啟示。
我要感謝人生中遇到的所有安慰者，我的老友莫娜專程從蘇格蘭橫渡大西洋前來探望我，還有在維吉尼亞州的摯友與家人不斷給我支持與鼓勵。另外，還要感謝在緬因州認識的新朋友，蘇珊·尼爾，《緬因州仕女期刊》的前發行人，提供我機會撰寫安慰專欄，鼓勵其他婦女，以及在各個階段裡支持我的讀者。
兩位貴人鼓勵我將這本書出版上市：一個是企鵝出版社的莎拉·卡爾德（Sara

Carder），另外則是我的經紀人黛安·弗瑞德（Diane Freed）。

我最喜歡的作者和藝術家所創作的著作、電影、音樂和畫作，讓我在寒冬中仍能提振心靈，對內在的潛力充滿信心。

還有在天堂裡的摯愛，我的貓艾凡和祖母薇薇。月光中的飛蛾、山雀和藍鷺。

我的身邊圍繞著這些安慰的力量，我不再感到孤單。

我把腳伸出水面，往回走。昏暗的微光中，眼前一顆石頭上佇立著一隻身形優雅的藍鷺，我們凝視彼此片刻，霎那即成永恆。

國家圖書館出版品預行編目資料

安慰的藝術 / 芙爾・沃克 Val Walker 著；盧相如 譯 --
初版. -- 臺北市：商周出版：家庭傳媒城邦分公司發行；
2014.10　面：　公分
譯自：The Art of Comforting：What to Say and Do for People in Distress
ISBN 978-986-272-663-1（平裝）
1. 同情　2.說話藝術　3.人際關係
176.525　　　　103018161

安慰的藝術

原著書名 / The Art of Comforting：What to Say and Do for People in Distress
作者 / 芙爾・沃克Val Walker
譯者 / 盧相如
責任編輯 / 陳玳妮
版權 / 林心紅

行銷業務 / 李衍逸、黃崇華
總編輯 / 楊如玉
總經理 / 彭之琬
事業群總經理 / 黃淑貞
總經理 / 何飛鵬
法律顧問 / 元禾法律事務所　王子文律師
出版 / 商周出版
城邦文化事業股份有限公司
台北市中山區民生東路二段141號4樓
電話：(02) 2500-7008 傳眞：(02) 2500-7759
E-mail：bwp.service@cite.com.tw
發行 / 英屬蓋曼群島商家庭傳媒股份有限公司城邦分公司
台北市中山區民生東路二段141號2樓
書虫客服服務專線：02-25007718・02-25007719
24小時傳眞服務：02-25001990・02-25001991
服務時間：週一至週五09:30-12:00・13:30-17:00
郵撥帳號：19863813　戶名：書虫股份有限公司
讀者服務信箱 E-mail：service@readingclub.com.tw
歡迎光臨城邦讀書花園　網址：www.cite.com.tw

香港發行所 / 城邦（香港）出版集團有限公司
香港灣仔駱克道193號東超商業中心1樓
Email：hkcite@biznetvigator.com
電話：(852) 25086231　傳眞：(852) 25789337

馬新發行所 / 城邦(馬新)出版集團 Cité (M) Sdn. Bhd.
41, Jalan Radin Anum, Bandar Baru Sri Petaling,
57000 Kuala Lumpur, Malaysia
電話：(603) 90578822　傳眞：(603) 90576622

封面設計 / 黃聖文
排版 / 新鑫電腦排版工作室
印刷 / 韋懋實業有限公司
經銷商 / 聯合發行股份有限公司
新北市231新店區寶橋路235巷6弄6號2號
電話：(02) 29178022　傳眞：(02) 29110053

■2014年10月30日初版
■2020年12月7日初版10刷
定價 350元
Printed in Taiwan

ISBN 978-986-272-663-1

廣	告	回	函
北區郵政管理登記證			
台北廣字第000791號			
郵資已付，免貼郵票			

104台北市民生東路二段141號2樓

英屬蓋曼群島商家庭傳媒股份有限公司　城邦分公司

請沿虛線對摺，謝謝！

商周出版

書號： BX1061	**書名：** 安慰的藝術	**編碼：**

請於此處用膠水黏貼

商周出版

讀者回函卡

感謝您購買我們出版的書籍！請費心填寫此回函卡，我們將不定期寄上城邦集團最新的出版訊息。

姓名：＿＿＿＿＿＿＿＿＿＿＿＿＿＿＿＿ 性別：□男 □女

生日：西元＿＿＿＿＿年＿＿＿＿＿月＿＿＿＿＿日

地址：＿＿＿＿＿＿＿＿＿＿＿＿＿＿＿＿＿＿＿＿

聯絡電話：＿＿＿＿＿＿＿＿＿＿ 傳真：＿＿＿＿＿＿＿＿＿＿

E-mail：

學歷：□ 1. 小學 □ 2. 國中 □ 3. 高中 □ 4. 大學 □ 5. 研究所以上

職業：□ 1. 學生 □ 2. 軍公教 □ 3. 服務 □ 4. 金融 □ 5. 製造 □ 6. 資訊
□ 7. 傳播 □ 8. 自由業 □ 9. 農漁牧 □ 10. 家管 □ 11. 退休
□ 12. 其他＿＿＿＿＿＿＿＿＿＿

您從何種方式得知本書消息？

□ 1. 書店 □ 2. 網路 □ 3. 報紙 □ 4. 雜誌 □ 5. 廣播 □ 6. 電視
□ 7. 親友推薦 □ 8. 其他＿＿＿＿＿＿＿＿＿＿

您通常以何種方式購書？

□ 1. 書店 □ 2. 網路 □ 3. 傳真訂購 □ 4. 郵局劃撥 □ 5. 其他＿＿＿＿

您喜歡閱讀那些類別的書籍？

□ 1. 財經商業 □ 2. 自然科學 □ 3. 歷史 □ 4. 法律 □ 5. 文學
□ 6. 休閒旅遊 □ 7. 小說 □ 8. 人物傳記 □ 9. 生活、勵志 □ 10. 其他

對我們的建議：＿＿＿＿＿＿＿＿＿＿＿＿＿＿＿＿＿＿＿＿
＿＿＿＿＿＿＿＿＿＿＿＿＿＿＿＿＿＿＿＿
＿＿＿＿＿＿＿＿＿＿＿＿＿＿＿＿＿＿＿＿

請於此處用膠水黏貼